醫樹的人

臺灣第一位女樹醫
教你如何看樹、懂樹

詹鳳春——著

最猛職人 21

醫樹的人：
臺灣第一位女樹醫教你如何看樹、懂樹

作　　者　詹鳳春
封面設計　林淑慧
特約編輯　王舒儀
主　　編　劉信宏
總 編 輯　林許文二

出　　版　柿子文化事業有限公司
地　　址　11677臺北市羅斯福路五段158號2樓
業務專線　（02）89314903#15
讀者專線　（02）89314903#9
傳　　真　（02）29319207
郵撥帳號　19822651柿子文化事業有限公司
投稿信箱　editor@persimmonbooks.com.tw
服務信箱　service@persimmonbooks.com.tw

業務行政　鄭淑娟・陳顯中

初版一刷　2020年9月
定　　價　新臺幣450元
I S B N　978-986-98938-9-3

歡迎走進柿子文化網 http://www.persimmonbooks.com.tw
搜尋 60秒看新世界
～柿子在秋天火紅 文化在書中成熟～

國家圖書館出版品預行編目(CIP)資料

醫樹的人：臺灣第一位女樹醫教你如何看樹、懂樹
/ 詹鳳春著. -- 一版. -- 臺北市：柿子文化, 2020.09
面；　公分. -- (最猛職人；21)
ISBN 978-986-98938-9-3(平裝)

1.詹鳳春 2.自傳

783.3886　　109011895

推薦序

樹醫師，這工作要在樹上攀爬，鋸木掘土，頭頂烈日曝曬，防蚊蚋蛇蜂螫咬，十足是個高風險的勞力活。當我聽到有位博士女樹醫，已經令我嘖嘖稱奇。讀完這本書後，我對詹鳳春醫師堅持這條道路就更加敬佩，童年的意外造成身體八十%的三度燙傷，她的求學起步就比一般人坎坷辛苦，而她卻選擇到日本東大攻讀博士，成為合格的樹醫師。

我曾經在山上用手環抱一株被盜採挖掉一大塊樹瘤的大紅檜，耳朵貼附在粗糙的樹幹上傾聽，據說樹在傳輸水與養分的時候會有聲音，我沒聽到，但用心可以感受到懷中的這棵大樹是活的。

樹不會喊痛，要醫好它不只要關心樹的病與蟲害，土壤、溫度、濕度與陽光，更要細心觀察、周全考量，讀著這本書的每個章節，描述詹醫師如何醫好她每個「病患」的故事，還滿療癒的。

人來自大自然，樹健康了，人的心就安了。
我是臺灣行道樹的老編林坤正，推薦這本書給你！

——林坤正／臉書「臺灣行道樹」粉絲團老編

筆者在林業研究單位任職，雖然專長不是育林也不是樹木保護，而是從事森林生態方面的研究，不過民眾哪裡管得了這麼多，常常接到有關如何種樹、治療樹木疾病的諮詢，隔行如隔山，我也只能請有困擾的民眾諮詢樹病專家，自己則就生態的觀點來提出初步的建議，譬如說適地適木、土壤養護的重要性等等，沒想到在讀了這本書後，發現高明的樹醫的確如同中醫一樣，強調「治未病」，也就是在一開始就選好樹種，種在適合樹種本身生態特性的地方，這樣一來，多半就可以避免未來需要醫治樹木的最壞情形發生。此外，土壤的養護，譬如保持土壤的通氣性、土壤中的菌相健康，更是保持樹勢健康最重要的工作。

筆者身為「找樹的人」團隊，長年在原始森林中走跳，記得曾經攀爬測量過一棵十分巨大的巒大杉，因為巨木在雲霧中忽隱忽現，而將之取名為「幻影」，像這樣的巨木，我一直以為是不朽的，至少在我有生之年應該都會矗立在山林之中，沒想到二〇一八年初霸王級寒流所帶來的一場大雪，使得「幻影」的樹基因為土壤急速凍結、融解，以致參天巨木就此鬆動倒下，使我了解到，原來看似無敵的巨木其實很脆弱，而在因為全球暖化所導致的極端氣候下，樹木其實也是無聲的受害者一群，作者在書中所描述的樹癌——褐根腐病，據信也跟日益暖化且澇旱不均的大氣候有關。

作者雖然本身是樹醫，但在人生的低潮卻屢屢被樹所療癒，醫樹的人在醫樹的當下也療癒了自己，也難怪生態學者陳玉峰老師說：「我們沒有在搶救山林，而是山林在搶救我們！」

——徐嘉君／林業試驗所助理研究員、臉書「找樹的人」粉專版主

序文／挫折困難正是學習的機會！

隨著樹木保護意識的興起，樹木醫也漸漸受到社會的重視。在臺灣，樹木醫學的相關課程尚處於起步階段，也難掩其人材不濟的窘況。筆者以自身求學過程為例，在面對得來不易的學習機會時，堅守承諾，懷抱感謝，將求學過程的所有挫折及困難都視為難得的學習機會。越過無數逆境的同時，也從樹木身上得到了充足的精神安慰。

現今不少年輕學子對自己的未來感到迷惘，不知該投身什麼樣的學習領域，其中更不乏直接將自己定位於文組、理工科的想法。學習的可貴在於運用以及知識的拓展，跨領域不僅能拓展自己的專業，更是社會趨勢所需。以過去所習得的知識為基礎，再去深入了解更多相關的專業內容，堅持初心，最終便能看見持續努力而強大的自己。

樹木醫的使命是「將救樹視為救人」，然而，樹木醫也僅為樹木治療上的推手，想要保護樹木，仍需大家齊心努力。本書藉由分享樹木治療的過程，向大眾傳達樹木的可貴，希望能喚起大家對樹木的重視。

「愛護樹木」不僅僅是一個口號，而是要透過了解樹木，進而產生珍惜、保護的心。

我們的生活環境愈來愈需要大自然，然而，在努力推動綠化的同時，卻也讓樹木因我們的無知而受害。大自然為環境公益，樹木的保護不能只靠少數人的力量，而是仰賴所有人獻上一己之力。面對現今自然意識的薄弱、扭曲，宣導愛樹意識並帶動新一世代投身自然保護之列，是我身為樹木醫的使命，更是我不能推諉的社會責任。

誠心希望能透過我自身的學習經驗，鼓勵大家在面對挫折、失敗時，能將期許化為力量，將困難轉化為自身智慧，創造新的價值與知識，為社會及環境貢獻己力。

——詹鳳春

目　錄
CONTENTS

Part1

樹木與我

1

尋求自然與寂靜

與樹結緣

「孩子，妳又來了啊？喜歡的話，帶媽媽一起來看！」
「媽媽在忙，不能過來！」
「那帶爸爸來也可以啊！」
「爸爸更忙，也不能來！」
「那跟以前一樣，只能看，不能摸喔！」
「嗯！我知道，謝謝叔叔！」

沉浸在樹的世界

當我還在念小學的時候，下課後最高興的一件事不是回家，而是跑去回家路上必定經過的一間盆栽店。它是農村裡唯一的一間盆栽園，培養著大大小小、各式各樣的盆栽，放在架子上，像是珍藏，又像是等待著客人來光顧。

每到了盆栽店，我總是想像自己縮小了，恣意地踏步在土壤上，腳邊是綠油油的青苔，我穿梭在小樹當中，跳起身捉住樹枝，自在的遊盪其中。突然，一隻龐然大物——蚊子——飛來，嚇得我鬆開了手，從高處跌了下來。往旁看去，其他的盆栽猶如另一個阿凡達世界，讓我忍不住繼續探險！

我喜歡看著盆栽裡的青苔和小樹，想像它們之間微妙的連結和關係，或蹲或站，一看就是許久時間。盆栽內的青松綠苔，充滿著原始森林的氣息，仔細觀察，還可以看到青苔上綻放著小花，極為不可思議！也因為如此，我常常思索著，盆栽內的植物在這樣極為侷限的空間內還可以永續生長，那其他大樹呢？如果也能縮小，讓人自由的穿梭……

我內心充滿了各種疑問，卻找不到任何答案。

一天午後，我例行公事般地躲在盆栽店內靜靜觀察青松，身後突然出現一位老先生問著：「小朋友，妳在這裡做什麼？」

我驚嚇之餘急忙跑出園外，老先生在身後喊著：「妳不是天天下課都來看這些松樹嗎？我今天要換土，妳想不想看一下呢？」

抱著恐懼的心情，我走近老先生身旁怯生生的問：「可以讓我看嗎？我很好奇這些松樹是怎樣生長的。」

只見老先生將整株青松從土壤中拔起，裸露的根系就這樣暴露在我眼前，像是茂密的鬍鬚一般。

「這樣把土翻起來，松樹會死掉嗎？」我忍不住問。

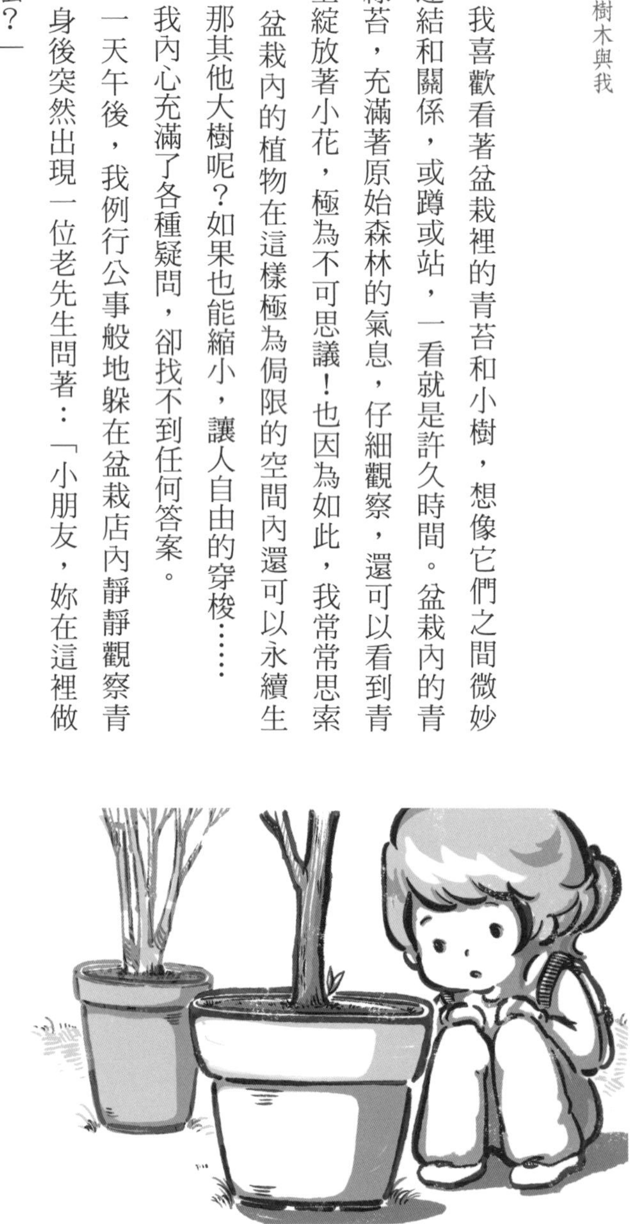

老先生說：「每隔一段時間要幫老根做清除的動作，修剪或換土，這樣才能夠永遠的生長。」

我戰戰兢兢的撿起被剪落地的根系，放在手心中仔細觀察，我好奇根系所散發的氣味，仔細分辨每一段根系的氣味……

這個午後，我就像是上了一堂樹木學：原來幫松樹換土可以讓樹重生！回家途中，這個發現讓我不時地感到驕傲與興奮。

其實，我對大樹的認知僅止於果樹，例如楊桃樹、芭樂樹、芒果樹等等，這些都是村莊內極為常見的樹木。那時家中小孩很多，經濟並不寬裕，吃的東西有限，零食更是不可能有，所以特別懂得分辨果樹。

一年之中，我最期待的便是櫻花的到來，每當櫻花滿開時，總是會有些果實結在樹上，當時的我一直以為那個果實便是櫻桃。只要到了午餐時段，在同學們專心的享用午餐之時，我便會悄悄爬上櫻花樹，摘下新鮮的果實，沾著砂糖，放進嘴巴咀嚼，那酸甜的滋味令我著實難忘。

有一次我吃了櫻花樹的紫黑色果實後，肚子頓時感到一陣劇痛，這件事後來被老師知道，當即警告我不准再偷採校園內的果實。

後來我才知道，即使是櫻花，根據果實的成熟程度，還是多少會殘留一些毒性，怪不得當時連鳥兒都不來跟我搶！

出身農家的我，每當小學下課後，不是溜進盆栽園內打發時間，就是騎著單車到附近的大學校園裡爬樹。每當碰到鄰居家的阿婆，往往會被問到：「妳今天不用讀書嗎？」玩心重的我，一心只想著去附近的草叢或土地公廟周圍的綠地上探險。

土地公廟就像是我的祕密基地，廟後有一棵極大的榕樹，不論是下大雨或炎炎夏日，這棵老榕樹就像是守護神，時時刻刻守候著這塊地。有時候與家人吵架，我總會獨自爬上榕樹把自己藏起來。我甚至還用紙箱、木板造了一座小屋，躺在小屋的地板上，望著綠葉叢中的藍天，這裡宛如我的世外桃源。

父親平日裡除了務農之外，也在大學裡面兼職，擔任園藝管理的基層工作。自小學開始，每到放學時間，我就會騎著單車直奔父親任職的大學，攀爬、征服校園內的每一棵大樹，有時在樹上還能遠遠看見父親開著除草機忙著除草、修剪的身影。

我常常躲在樹上，偷偷觀察父親除草的過程。當草地從一片雜亂變得無比清爽時，我總會忍不住自豪的跟同伴說：「那個人是我爸爸！」心裡除了替父親感到自豪外，也深刻感受到他工作的辛勞。

某次在大學內的樹叢中，我正忙著與同伴一起收集樹上掉下來的毬果，以及長在樹上的果實、小花等。父親突然叫住我並走上前來，手指著前方說：「妳看，遠遠那邊開著粉色花朵的植物是夾竹桃樹喔，夾竹桃的汁液是有毒的，不可以隨便摘來玩！」說著說著又轉身指向後面的樹：「那是福木，果實非常的臭，也同樣有毒，可別傻傻地摘來吃。」

看著父親自豪的說出每一種樹的名字，我忍不住露出崇拜的眼神。在鄉下生長的我，沒有什麼遊戲設施，只有一片綠地及樹林，樹林中充斥著各種生物、生態，而樹木更是與我們共生在這塊土地上，有著各自的名稱及特色，我也從中感受到不一樣的生命力。就這樣，父親對樹木的興趣及嗜好漸漸深入我的血液之中，帶領我一步步走向樹木的世界。

坐困愁城的童年

我是一個鄉下小孩，家裡有六個兄弟姊妹，我排行老五。儘管家境並不富裕，父母卻始終一心一意地培養我們。

我自小便不是一個出色的孩子，總是默默躲在角落觀察大人的世界。五歲時，我因為一場意外造成了雙腳超過八十％面積的三度燙傷，當時尋求各大醫院，得到的結論都是得鋸斷雙腳以求續命。

母親無法接受這樣的事實，於是揹著我四處打聽、尋訪名醫。跟著母親搭火車求醫時，周遭的人總是會用異樣的眼光看著我打了石膏的雙腳，「妳這小孩真可憐，以後怎麼嫁得出去？人生都毀了……」

我害怕大家注意到我的腳，更感受到母親的心痛。母親有時甚至會負氣的對圍觀鄉民說：「嫁不出去，陪著我們也很好！」

在各方親戚的介紹下，我輾轉去到一間位於新竹湖口的教會，接受傳教士醫生的治療。當躺在教會內的醫院病床上，醫生將雙腿上燙熟的三層皮拿掉時，這是我第一次感受到痛不欲生，「這輩子不可能會有比這更痛的事了！」我咬緊牙根想著。

自那一天起，我的童年回憶彷彿就成了一張白紙，我日日躺在病床上，與外面的世界隔絕，就這樣過了近兩年的時間。

臥床期間，我經常一個人坐在椅子上，看著院子前的榕樹，「我來這世上到底是要幹嘛的呢？」我的心裡忍不住生出這般疑問。我甚至開始責怪自己拖累了家人，害他們得負擔龐大的醫療費。我原本活潑的個性，也因此漸漸轉變為內斂、沉靜。

我一直到七歲才開始學走路。

上了小學之後，我因為雙腳的燙傷，體育課總是被排除在外。雙腳少了皮膚加上抹不去的傷痕，讓我深怕別人的異樣眼光。也因此，我從不曾穿過裙子外出或上學。

漸漸的，我開始想證明，即使雙腿燙傷也可以如一般人一樣跑步。於是開始專注在體育、田徑方面，學業也就因此慢慢的荒廢了。

在左右鄰居眼裡，我是個頑皮且不安分的小孩。常常會聽見父親對鄰居說：「我家孩子憨慢，不會讀書，四肢發達。」

也因此，我心裡一味的排斥讀書，甚至認定自己將來就是念體專的料。只是每到新學期，父親忙著籌措學費時，總會不厭其煩地一再對我說：「妳如果有本事讀到大學，我也會想辦法幫妳付學費的。」

國中畢業那一年，我因為高中聯考失利，引起了一場家庭革命。

「不讀書又不會怎樣，我也可以去讀體專。」我豪氣的說。

父親苦口婆心的告訴我：「妳是女孩子，好好讀書，即使家裡沒有錢，還是要努力考到大學。」好說歹說地苦勸我，就是希望我能考慮去讀高中，日後好考大學。

此時，一旁的姊姊提起自己畢業於教會學校——靜修女中，若是能拜託校長，也許可以讓我到學校的夜間部就讀。

面對家人各方施壓，我萬分無奈地跟著姊姊到臺北找學校收留。一路上，姊姊不斷叮嚀我：「等一下看到校長要好好表現，讓她知道妳會用功唸書，她才願意收留妳。」

見到一身白衣的修女校長時，她輕聲細語的問我：「這是妳姊姊？妳有這麼優秀的姊姊，要多向妳姊姊學習啊！將來有考慮要讀大學嗎？」

面對慈祥的校長，我放下自己的任性和武裝：「我不知道自己能不能讀大學，但我想試看看！」

姊姊在一旁急著拜託校長：「她是我的小妹，因為一直以來個性比較野，並沒有注重學業成績。拜託校長給她機會，即使日後的成績無法轉讀日間部，但若能留在教會學校內讀書，相信性格上也能漸漸轉變或成長。無論如何，拜託校長讓她入學！」

看著姊姊替我求情，我頓時不知所措了起來。

原本低著頭的我，慢慢抬起頭來看著校長。校長面帶微笑地對我說：「妳看妳姊姊這樣替妳求情，如果妳不用功就不對了。」她仔細看著我的成績單說：「依照妳目前的成績，只能先待在夜間部好好努力，日後有機會再參加日間部的入學考試。」

聽完校長的話，緊繃的心情像是放下一塊大石頭。興奮之餘，我對校長承諾：「以後我一定會把每學期的成績單拿給校長看，向您證明我有好好努力！」

迷惘的夜間部生活

上了高中的夜間部，雖然我拚命想彌補過去的不足，但突然要靜下心來用功卻不是一件簡單的事。一直以來，我都很嚮往大學校園內的圖書館、樹林地，然而踏入繁忙的臺北街道後，這種純樸、靜謐的感覺卻離我愈來愈遠了。我開始在臺北尋覓能靜下心來讀書的圖書館，卻始終苦尋不著。

某一天，同學熱心的邀約我一同到歷史博物館看展覽。看完每層樓展出的文物，我獨自一人走到後方的休息區，這裡能俯瞰整個植物園，猶如沙漠中的綠洲。

我拿出書本，就這樣靜靜的看起書來，偶爾抬起頭來還可以看見一片水池、一片森林，我心想，這就是我要找的地方！

自那一天開始，我每天早上都會來這裡讀書，一直待到傍晚才離開，讀書讀累了就走到植物園內看看園中的樹木，從中得到一些療癒。對我而言，置身植物園，就像是過去看著父親在整理校園內的植物那般熟悉——只是如今我無法再像過去一樣爬到樹上吹風。

一年後，我並沒有如計畫插考日間部，除了成績未達要求外，我也開始對夜校的上課生活感到厭煩。

周遭的同學大多是白天打工、晚上上課，考上大學並非他們主要的目標，因此上課時的學習態度都非常散漫。我因此對夜間部的生活產生質疑、埋怨，開始經常曠課。

由於曠課次數太多，專任老師在我不知情的情況下，通知我父母到校說明。我的父母於是拖著病痛的身軀，特地北上來到學校。當我被叫到辦公室，驚訝地面對父母的同時，也受到老師的指指點點，讓我當場捺不住性子。

我任性地說：「如果我來這裡真的能學到東西，我非常願意！但是上課的氣氛讓我覺得無法學習，有誰能保證這樣繼續下去我可以如願考上大學？」

聽到我這麼說，父親連忙站起來，低著頭向老師道歉：「我是她的爸爸，很抱歉給大家帶來那麼多麻煩！都是我家教失敗，才把女兒教得那麼任性。」

看著重病的父親低頭賠不是，我氣憤的甩門而出，留下雙親在身後不斷道歉。我強忍住滿眶的熱淚，抱著自責的心情走出校門。

經過這件事後，我開始安安分分的配合學校，減少曠課次數。事隔多日，專任老師請我到辦公室一趟，認真傾聽了我內心的想法。

老師對我說：「妳聽著，自今天開始，身為妳的專任老師，我決定睜一隻眼閉一隻眼。妳可以自由地選擇要不要來學校，但於此同時，妳必須對自己負責，學校的考試妳都必須過關，這就是唯一的條件。」

我看著老師誠懇的眼神，除了感謝老師的體諒，也承諾會對自己負責。

這一年的我滿懷沮喪，也拒絕與家人有進一步的溝通。

某天，母親帶我到舅舅家拜訪，舅舅不僅是大學教授，同時也在某個高中擔任董事。到了舅舅家後，我默默躲在角落，不願提起任何跟高中生活、考大學有關的話題。

舅舅在母親轉身離開時悄悄問我：「夜間部生活怎麼樣了？有好好準備考大學嗎？」我努力壓抑著想哭的衝動，懇求舅舅幫忙我離開夜間部。我向舅舅訴說，想找一個真正可以讀書的地方。

舅舅看著我說：「有妳這句話就可以了。妳不需要換環境，就在夜間部把書唸完吧！換個環境還得重新適應，對緊湊的大學考試來說可不是好事。妳目前所需要的，只是把自己靜下來而已，不需要去埋怨周遭環境帶給妳的影響，把心抓定就是。」

我抱著遺憾的心情跟母親一同離開了舅舅家。身旁的母親只是靜靜的若有所思，不發一語。

日後，母親將舅舅當時的心意解釋給我聽：「妳舅舅對我說：『她是真的想讀書，無奈家裡沒有合適的環境，在夜間部也有許多委屈，即使家裡貧窮沒有錢，這個孩子一定要好好培養。』」

在寺院生活找回平靜

在這之後，我反覆思考舅舅的一番話，漸漸說服自己打消插考日間部的念頭。這天，我突然想起小時候常與母親一起到寺院拜拜，有位遠親阿姨——我母親的堂妹——正好是出家師父。我想到阿姨所在的寺院靜思，於是拜託母親帶我去寺院。

我央求母親：「可不可以帶我上山找師父，我想要待在山上，靜下心來好好讀書。」

母親原本一臉疑惑，最終還是答應了我：「好吧，那就明天去山上！」

我急忙把教科書、衣服行李整理好，隔天便懷著閉關的心情出發。

上山必須走上好一大段山路，我揹著自己的行李，由母親幫我提沉重的書本。兩人費了好大的勁，才終於走到山上。

一抵達寺院，我便不假思索地一屁股坐在寺院前休息。師父見狀，走上前來問我：「行李是妳自己提上來的嗎？」

「我負責拿衣物，剩下的書本都是我媽媽揹上來的。」

師父聞言，臉色嚴肅的說：「自己要讀的書自己揹上來，怎麼會讓媽媽幫妳揹？」師父的責問讓我頓時啞口無言。

師父指示我把行李搬到客房，請我準備燒柴更衣。待我匆匆忙忙地收拾好行李走出大殿時，卻早已不見母親的身影。

「妳母親已經自己走下山了。」師父淡淡的說。

我疑惑著母親的不告而別，走上山頭靜靜望著山下，試著尋找母親下山的足跡。直到遠遠看著母親搭上公車，消失在山的盡頭，我才安心回到客房。

在寺院裡的生活，除了一早必須參與誦經拜佛、掃地、燒柴之外，剩下的就是我閉關自修的時間了。我被師父安排在後廂房自修，每天望著山嵐的變化，聽著鳥聲、蟲鳴，獨自面山自修。我漸漸不想走出深山，甚至也曾經動過出家成為僧者的念頭。

我常會在唸書的空檔出去散心。走在寺院的森林小道，不時會遇見老師父與其他僧眾，聆聽他們談起人生的經驗。

這一天，我一如往常悠閒地走在步道中，欣賞午後的山嵐升起，迎面而來的老師父見了我便問：「讀了一整天的書，肚子很餓吧？」她邊說邊自口袋中拿出一顆蘋果，塞在我的手上。

老師父說自己十八歲時就離家來到這座寺院，寺院中除了樹以外，還有個小花園，於是邀請我跟她一同去看看。

我跟在老師父身後，走向山後的一片老樹林。「會是怎麼樣的一個桃花源呢？」看著叢林內的小通道，我內心好奇著。走出小林道後，寬廣的林蔭隨即印入眼簾，讓人無法想像在這山谷之中竟然會藏有這樣的一片森林。

老師父帶著自豪的心情介紹起眼前的每一棵樹，當中夾雜著自己的人生過程及回憶。

我們走到一棵老松樹底下，老師父指著樹冠，頹喪地說：「這棵老松樹原本明明都好好的，這幾年卻開始變得很奇怪，有時候樹上還會出現很多天牛。接著不到半年，葉子就開始變黃了，本來還以為是養分不夠，所以特地為它施了肥，誰知道最後，整棵樹就這麼乾掉了。」老師父以傷心又無力的口吻說，「不知道是不是被蟲咬死了？還是天氣太熱？」

我在一旁點點頭，不發一語，儘管心中感到非常可惜，卻也同樣無可奈何。

老師父指引我再往林道深處走，迫不及待的想向我介紹她最近新植的櫻花樹。師父說，這棵櫻花還會流出樹液，摸起來就像黏膠一樣。

「妳知道這棵櫻花樹是什麼品種嗎？不知道這些流出來黏膠對櫻花樹是好還是壞？」老師父問我。

我笑著說：「小時候常常看父親在校園內照顧樹木，好像見過類似的樹，但是我也搞不清楚到底是什麼品種，更別說該怎樣照顧才好。」

「這個小樹林就像是我的桃花源，當中的每棵樹，不論是老樹、小苗，或是正在成長茁壯的樹，都跟我有著很深厚的情感，就像是我的家人一般。每當累了的時候，我就會坐在這個石板上，一邊喝茶一邊欣賞這些樹，對著它們說話。」老師父說。

我與老師父坐在石板上，看著樹群，以及遠方不停飄上來的山嵐，靜謐的風景宛如一幅山水畫。

我好奇的問：「師父，您到山上歷經了數十載，如果人生重來，是否還是會選擇這條路？」

「這是當然的呀！沒有遺憾。」老師父毫不猶豫地說，「妳看呀，這座山每天都呈現出不一樣的臉孔，起了山嵐時，便有如身在仙境；如果認真欣賞，妳會發現這些樹木會隨著四季而出現不同的景色。這樣無常的景色，我從來不曾厭煩，大自然更是再三叮嚀我多來欣賞這個美景。」

這個下午，我與老師父就這樣靜靜坐在石板上，看著霧氣的變化，談著人生的道理。

隔天清早清掃步道上的落葉時，看到幾位師父急急忙忙的跑上跑下。我上前詢問是否需要幫忙，師父們卻說，老師父於今天清晨離世了，大夥兒正忙著處理她的後事。

怎麼會這樣?昨日我還與她老人家談笑風生,望著山嵐說著人生夢想、做人道理!

事發突然,我一時無法接受這個事實,一個人踩著沉重的步伐尋找昨天走過的小林道,靜坐在昨日一起看著山嵐的石板上不斷嘆氣。

此刻我深深體會到人生的無常。回想著老師父交代的字字句句:「所做所為不留遺憾,盡力而為,一切隨緣。」而今,老師父留給我的記憶,就剩這一片樹林與這些寶貴的字句了。

老師父的後事處理完不久,我在某天清晨走向寺院大殿,眺望群山想著老師父與我的對話。此時,師父走向前來,以嚴肅的口吻對我說:「妳該下山了,回去考大學吧!妳有目標了嗎?」

「還沒有。」我回答:「但我想像師父一樣,留日學習。我以日文系為目標,希望日後有機會可以像師父一樣,到日本學習與自然有關的專業。」

「妳一定可以把日文學好。要記得父母的辛苦,永遠不能忘記,自己讀的書要自己揹。」師父淡淡的說。

準備下山之前,我獨自走向老師父帶領我走過的小樹林。望著枯黃的松樹,撫摸綠油油的櫻花葉。「老師父牽掛松樹的枯萎、櫻花樹的照顧,日後,我一定會幫老師父找到正確的解答。」我內心堅定的想著。

樹木小知識

櫻花樹的鼻子

每當賞櫻期到來，櫻花的樹冠便會如同爆炸般的盛開。若靠近樹木觀察，還可以發現樹幹上冒出幾朵小花。

待花謝後，便會自此萌芽，展開新枝條。一般樹木多會有固定的萌芽位置，定芽之外鮮少會出現萌芽現象，唯獨櫻花具備此特質。

櫻花樹的呼吸量較其他樹種大，樹皮上還具備了許多皮目——猶如櫻花樹的鼻子一般。櫻花樹壯年時期的呼吸活動特別旺盛，隨著老化，樹皮上的皮目會漸漸消失減少——這同時也是判斷櫻花樹齡的方法之一。

2

與巨樹的約定

難忘的紅木公園之旅

離開寺院後，我參加了大學聯考，好不容易考取輔仁大學日本語文系，父親卻在這個時候病倒了。收到錄取通知的當下，我正守在父親病床邊看顧，內心裡沒有絲毫的欣喜。

進入大學後，為了減輕家裡的負擔，我開始利用課餘時間在花店打工。這段時間，我除了學習到日文專業，也透過打工熟知了各種花的特色及美學，期間也閱讀了不少日本花藝或園藝的相關雜誌。我總是一邊細細品味、欣賞雜誌內的日式庭園、樹木，一邊回想起小學時靜靜觀察盆栽園內的大自然縮景。

對造園產生嚮往

對我而言，學習日文最大的動力不在於多了一種能跟人溝通的語言，而是想藉此了解日本的文化、歷史。我因此對日本庭園有了初步認識，也在不知不覺間醞釀了自己未開發的另一個興趣——造園與綠化。

於是，在家人不知情的情況下，我循序漸進地展開了到日本學習造園的計畫。儘管手上的費用有限，但我總是會回憶起老師父對我說過的話：「勇敢嘗試，不留遺憾。」

我開始到圖書館搜集留學資訊，也翻遍了日本各大專院校的招生簡章。某一天，我的眼光停留在日本農業大學的造園系。看著簡章內的校園介紹、課程簡介，內心生起莫名的興奮與期待。

「爸，我決定大學畢業後去日本學造園。」

「妳要去學造園？」

「家裡哪有錢讓妳去日本唸書！」姊姊坐在客廳大聲回應，認為我是在痴人說夢話。

「爸爸生病，家裡要負擔醫藥費，沒有多餘的錢供妳去國外唸書。想唸書在臺灣唸就好了，何必跑到日本？」姊姊嚴肅的說。

母親則持保留態度，只是要我自己再好好思考，畢竟家裡確實無法負擔我去日本留學的費用。若我仍舊堅持出國留學，她也只能尊重我的選擇。

我一心一意抱持挑戰的心情，哪怕是邊走邊看也好，只求不留下遺憾。最後，我不顧家人的勸阻，自行報考了日本農業大學的造園學系。

不久後，赴日考試的日期到了，母親不放心我一個人出國，於是陪著我一同前往東京。

沒想到我生平第一次出國，竟然就是出國應試！

一大清早趕赴考場，一步出電車，我傻呼呼的站在淺草橋的月臺上，望著熙

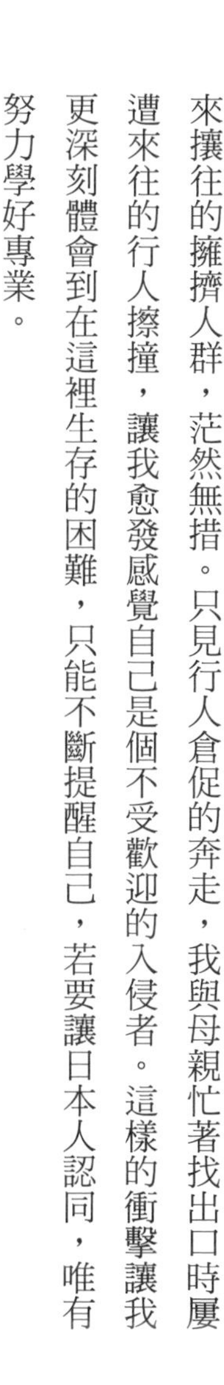
來攘往的擁擠人群，茫然無措。只見行人倉促的奔走，我與母親忙著找出口時屢遭來往的行人擦撞，讓我愈發感覺自己是個不受歡迎的入侵者。這樣的衝擊讓我更深刻體會到在這裡生存的困難，只能不斷提醒自己，若要讓日本人認同，唯有努力學好專業。

踏上留學一途

等待成績公布的這段時間，我與母親經常漫無目的地探訪東京的大小街道。當時已進入深秋，飄散的銀杏葉宛如為步道鋪上了一襲金色地毯，美不勝收。我抑制不住好奇，撿起幾片葉子仔細端詳，銀杏葉的外形有如大大小小的蝴蝶，模樣極為獨特。我不時停下腳步，想找最完整的銀杏葉子，帶回家留念。

每次經過公園，我都忍不住用目光搜尋巨大銀杏樹，看著樹下的落葉層層堆疊，鬆軟的像是一張床，我幻想著自己滿足的躺在銀杏落葉上。

東京街道的綠樹就像是一個個排列整齊的士兵，相較起來，臺灣的行道樹顯然少了這股規矩與氣勢。我不禁感嘆，不知何時，臺灣才能像這裡的街道一般，有如此整齊劃一的景觀。

待在日本這段期間，我告訴母親，就算沒有順利錄取也沒有遺憾。我非常明白家中經濟並不寬裕，與此同時還得負擔父親的醫藥費。

這一晚，正當我忙著準備回國的行李時，電話鈴聲突然響起，我接到了學校的錄取通知，告知我於半年後準備入學。

放下電話的那刻，我忘卻了錄取的喜悅，滿心憂慮著未來該怎麼辦。我看向忙著收拾行李的母親，低聲說道：「我可以來讀書了。」沉重的語氣中夾雜著許多的不安。

面對不知所措的我，母親只是轉過身對我說：「雖然家裡沒有錢，但是我們會想辦法，儘管去嘗試吧！」

母親這番話不但鼓勵了我，也讓我內心感動萬分。

剪樹課

儘管眼前困難重重，我仍舊踏上了留學一途。出發前，臥病的父親告訴我；

「快快去，快快回。」

他捏著僅剩的錢塞到我手上，「妳要好好讀書，這個錢收好，一人在國外遇到挫折、想回家的時候，這筆錢可以拿來用。切記，這是妳的救命錢，可別讓其他兄弟姊妹知道了。」父親反覆交代我：「沒有學好不要回來。」

我捏緊被汗水浸溼的紙鈔，忍住滿眶的熱淚，感恩父親不顧自身的重病，將自己寶貴的醫藥費給了我。我氣自己的無能，再三告訴自己，以後再也不要拿爸爸的錢了。

就這樣，我踩著沉重步伐踏上東京的土地，我深知前方等著我的，是充滿未知的挑戰及各種磨練。

進了日本的造園課程，我開始學習剪樹，每當實際操作時，背後及肩膀上總是總是爬滿了毛毛蟲。

我時常想起父親修剪樹木的背影，也深刻感受到父親在校園內當園藝工，手拿沉重的修剪刀、仔細修剪樹木的心情。

園藝工不如想像中輕鬆，每當實習結束回到倉庫時，一群同學經常累到直接席地而坐，只能提起僅剩的一絲精力，反覆磨著使用了一整天的修剪器具。

有位同學熱心地介紹起日本文化，以及他愛上樹木的心路歷程：

「我家庭院內自祖父開始，便種植了一棵楠樹（樟樹），但是到了父親這一代時，不知道為何突然就枯死了。在父親小時候的記憶中，祖父交代這棵樟樹為自家的家樹，所以當樹枯死時，全家人都非常不捨。在我出生前，父親特地跑到苗圃地買了一棵小樹苗，之後也將我取名為楠。這棵楠樹比我年長三歲，目前約二十歲。就是因為這樣的因緣，自小學有記憶開始，我都會在樹下玩。母親也會特別提醒我不准對楠樹惡作劇，要我將楠樹視為兄弟。」

接著，他又自豪的說起他最愛庭院內的一棵招財樹，「它叫做鐵冬青。正月時期，鐵冬青長滿了紅色果實，附近的鳥兒都會前來覓食。每天早上我都會被鳥啼聲喚醒，覺得自己彷彿住在森林裡一樣。因為每一種樹具備了不一樣的特質，也有許許多多的故事，所以我立志將來要成為園藝者，種更多的楠樹、保護更多的樹。」

聽完了他的分享，周遭的同學也紛紛說出自己對樹木的特殊情感。儘管有些人選擇來此就讀是為了繼承家業，然而自小在家族的耳濡目染下，對樹木仍然有著不同於常人的情感。

除了修剪課程，第一學期更注重的是樹木識別實習課。

老師苦口婆心地對大家說：「如果連樹木的名字都不知道、不了解它，就不是一個優秀的園丁。」

我頻頻點頭，心想：「是啊！父親以前常告訴我各種植物的名字，哪些有毒、哪些會開花結果……」彷彿父親的遺傳基因起了作用，我期許自己必須迅速學會樹木識別。

記得樹木的名字並不是一件簡單的事，首先必須要有敏銳的觀察力，同時也要有深厚的興趣，才能培養出良好的分辨能力。

然而每次上樹木識別課時，我總是記一個忘一個。不管再怎麼仔細觀察，總覺得每棵樹長得好像都一樣，始終無法掌握其中的學習技巧。

正當苦惱之際，幾位同學提議要一起去逛庭園。我們組成了一個隊伍，自稱為「庭園探險小組」，不時相約到公園、庭園，像是偵探般拿著圖鑑，帶著放大鏡，比賽誰能認出更多的樹種。

那一段時間裡，靠著小組成員之間的良性競爭，幫助我快速地認識了不少樹木及生物。

那時的我總想著，將來的工作若是能一直與自然、樹木為伍，該是多麼愉快的人生啊！

然而，讀了將近一年，我漸漸發現造園系與我原本的想像完全不同，我感覺自己就像個修剪的園丁，一直做著工匠的工作；原本以為可以學到許多跟樹木有關的專業知識，卻每天都在戶外實習。

另一方面，日本的花費高昂，我帶來的錢僅足夠支付一年的學費及生活雜用。眼看錢就要花完，我心裡暗自打算等這學期結束後便直接辦理休學，待日後存了錢，我一定會再回來完成學業。

紅木公園

身在異鄉的這段時間，每當失落或挫折時，總會有位臺灣友人在電話的另一頭為我打氣，像大哥哥般不時關心著我。

有一天他自美國打了越洋電話給我，訴說他在美國加州的工作狀況，我則帶著沉重口吻，透露自己的求學路恐怕無法順遂。他當時的鼓勵及打氣給了我許多正面的力量。

那次通話後不久，他打來對我說：「在加州，越過沙漠就可以到達一座山，那座山上種滿了紅木，樹高超過一百公尺，當地人稱它為紅木公園，是個不可思議的森林。我不久前跟朋友去那邊旅行，感受非常深刻。」

聽他娓娓道來的同時，我內心不禁對這樣一個地方充滿了嚮往。他接著又說：「妳可以來！從東京飛來加州，親自來參觀吧！就當做我邀請妳來，請妳好好看看大自然的美、大自然的力量。」

我還來不及仔細考慮，友人便在隔日幫我把機票訂好了，日期就訂在今年暑假。就這樣，我在毫無心理準備之下，展開了這趟生平首次的美國之旅。

自機場到市區，友人一一向我介紹加州的自然環境。看著車窗外的行道樹，樹型猶如小香菇一般，非常可愛，「這種樹好像臺灣的榕樹呀！」

「是榕樹沒錯唷，而且修剪得特別好。」

我暗自納悶：「臺北的行道樹也是榕樹，卻無法修剪得如此可愛，究竟是哪裡出了問題？」一路上，我不停地苦思這個問題。

除了沿路的榕樹，靠近海濱的兩側道路全都種植了椰子樹，乍看之下猶如墾丁的景色。「別看這裡潮溼炎熱，天氣跟臺灣很像，但越過內陸的沙漠，就可以看到另一片不同景觀的森林喔！」友人說。

沿途所見種種讓我對進入紅木公園更加期待。隔天一早，我們出發前往紅木公園，看著沿途的景觀由都市風貌漸漸變換為鄉村景色，甚至開始出現了丘陵、沙漠，這樣的景觀變化對生長於臺灣的我來說格外的新奇。

當沿途的景色從樹木逐漸轉換成仙人掌，我也慢慢感受到氣候的轉變，可見得樹木比人更為敏感。路途的遙遠，持續乾燥的空氣，讓我有如缺水的魚，渴望跳進海裡。終於，眼前出現了綠洲，一行人猶如久旱逢甘霖，光是用看的都覺得受到了滋潤。踏在沙漠上，放眼所及的植物全都有如乾燥的花草一樣，我找不到任何一棵樹，只有宛如人型一般站立的仙人掌，可想而知，這樣乾燥的氣候對樹木而言是非常嚴苛的環境。

我對著友人說：「真不可思議，越過山群竟然會有森林？真的好難想像啊！」就這樣，我抱著半信半疑的心情越過山群，進入了深山。

越過萬重山，到達紅木公園時已接近夕陽西下時分，我們下榻於公園內的小木屋。這一夜，月光跟星空竟是如此潔淨，彷彿回到了原始時代。

隔天一早，我們進入了紅木公園的主要園區，路上聳立了數不盡的高大神木，就連橫倒在道路中央的樹木都非常巨大，那寬約五公尺、高近三公尺的樹洞甚至還能讓車子通過呢！

眼前這些神木稱為「將軍杉」，樹齡約三千年，樹體重量約兩千噸，據說是全世界體積最大的生物。

走進森林，一股木香迎面而來，耀眼的紅色樹幹讓我驚嘆連連，連沿途標示著「熊出沒」的警示牌都無法引起我的注意。抬頭仰望將軍杉，我不禁感嘆起自己的渺小、世界的浩瀚；我驚奇的發現，上千噸重的樹幹基部卻有著老虎爪子般可愛的外形，帶有雄壯氣勢的同時，還保有童趣一面。

我在樹下不禁思索著，這棵樹居然可以吸這麼多的水分上去，這需要多大的力量呀！

樹木吸水的力量來自葉子氣孔展開所引起的水分蒸散。當葉子因蒸散作用而失去水分時，葉內的水分濃度變高，滲透壓啟動使濃度降低，並與此同時將枝幹內的水分向上拉。也就是說，除了靠根的壓力將水往上吸，葉的蒸散作用也能成為吸水的力量，讓水分自根部吸收，再經過莖、葉等一連串的路徑往上輸送。

「究竟需要多少的葉子，才能產生這股拉力？」我的腦海中充斥著許多疑問。要通過如此漫長的水路……水分來得及送上去嗎？

正當我疑惑不已時，旁邊的解說員對大家說，紅木公園面對太平洋，夏季的霧氣可以預防紅木的水分蒸散。

「就算如此，也無法徹底解決蒸散所需水分的問題呀……」我心中納悶。這個問題一直縈繞在我腦海中，一直到我回到大學才找到解答。

多年以後，我聽說日本有一位學者爬上了世界第一高的將軍杉（樹高約一百一十五公尺），取葉進行研究。他發現愈是接近樹冠頂層的葉子，其儲存水分的組織愈是發達。樹冠頂層的葉子很難獲得從根系吸上來的水分，於是漸漸發展出從樹葉表面吸收雨水及霧氣的功能——如同沙漠、乾燥地區的植物般發展出儲水的機能。

這才解答了我多年的疑問。

走在紅木公園內的樹群中，眼前壯闊的景色卻無法讓我忘卻在日本求學所面臨的困境，我對自己的未來仍舊感到迷惘、無助。

我看著樹群喃喃自語：「我在學習走入樹木的世界，這條路，我還看不到希望及出口。我努力學習著樹木的一切，猶如一株等著發芽的小苗，但究竟能不能繼續生長、茁壯，甚至長成像你們一樣高聳偉大，實在沒有自信……」

美國加州紅杉國家公園內的將軍杉。

紅杉的樹幹基部有著老虎爪子般的外形。

摸著溫暖的纖維狀樹皮，不可思議的心情湧入我內心。我不自覺的下定決心要保護樹木，內心吶喊著：「各位樹神、巨木，有朝一日，我一定會成為保護樹木的一員！」

也許是這些巨樹聽到我的吶喊，冥冥之中護佑著我朝樹木專業前進。

樹木小知識

浴火而生的紅杉

紅木公園內的紅衫樹高平均約有五十到八十公尺，樹齡超過百年以上的樹木比比皆是。因紅衫的紅色樹皮而得名紅木公園。

紅木的樹皮厚度可達三十公分以上，木質部含高濃度的丹寧，可以避免病原菌及白蟻入侵。

紅木公園的巨樹經歷過無數次的森林大火，這是紅衫繁衍後代的唯一方式。若不經大火燒開毬果，種子便無法掉落地面，更無法發芽生長；大火過後，紅衫種子會在灰燼形成的肥沃土壤中發芽，這便是紅木群繁衍後代的智慧。

3

一絲的希望與堅持

與恩師相遇

紅木公園之旅更加堅定了我想成為樹木守護者的決心。回到日本後，由於留學的費用即將用盡，我開始考慮放棄學業回國。

嶄新的曙光

就在我著手辦理休學期間，一張海報上的樹木醫學講座吸引了我的注意，主講者是東京大學的植物學榮譽教授。我隨及拿出紙筆抄下講座的地點與時間。

「這位教授非常有名，要能進入演講會場內並不容易。我們一起去聽看看吧！」身旁的朋友說。

講座當晚，天空飄著毛毛細雨。我原本打算待演講一結束，就要立刻衝上前去跟教授說話。然而，教授周圍的人牆實在難以突破，我只能無奈的望著被人群包圍的教授。我跟同學轉而守在出口，想把握教授離去前的最後機會，可惜最終還是被教授身旁的其他老師給擋開了。

眼看著唯一的機會在眼前消逝，我顧不了這場雨怎麼下，一屁股坐到地上，頹喪不已。

「沒關係，下次還會有機會的。」同學撐著傘在一旁安慰我。

「這是最後的機會了，」我說，「沒有足夠的錢可以讓我繼續留在日本讀書，我已經準備辦理休學了……」我說著說著不由得悲從中來，便起身找了一棵樹，抱著它痛哭了起來。

當初我不顧家人反對前來留學，打工的費用也僅能負擔兩個學期的開銷。然而，就算只剩短短的幾個月，我也想趁回國前知道到底能去哪裡學樹木醫學，如今無路可走，滿腦子只剩下希望破滅帶來的絕望感。

同學只能束手無策的看著我。我們靜靜地穿越校園，走回宿舍。

幾天後，我偶然在大學圖書館裡看到一本《樹木醫學》，於是好奇地拿起來翻閱。

翻開第一章的最後一段，寫著世界最高的樹在美國加州。我興奮的一邊翻閱，一邊喃喃自語：「我看過這棵樹！」「沒錯，就是那樣！」

造訪過紅木公園的景象一幕幕地在我腦海中重演。不知不覺中，我已把整本書看完，我翻開最後一頁，作者正是演講會的那位主講者——鈴木和夫。

回家途中，我走在深夜的校園內，反覆問自己該不該去找鈴木教授？只剩下三個月，學期結束後我就必須回國。

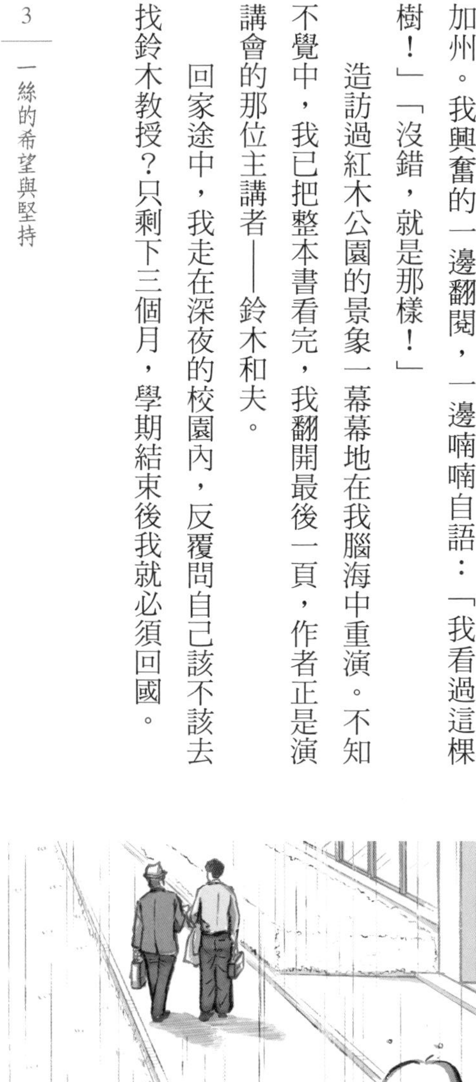

此時，同學追了上來，關心我心情是否好多了。

「應該是吧！」我笑著說。

他看著我手上借來的書，「這不就是妳一直想追求的樹木醫學嗎？」

「我想明天去找這位教授，拜託他讓我旁聽，哪怕只能席地而坐也可以、哪怕只有一次機會也可以！我不想帶著遺憾離開日本。」

隔天上完課後，我拿著這本《樹木醫學》打算去找鈴木教授。同學幫我確認了版權頁，再三告誡我：「他是東京大學的教授，可能連接近都很困難，一個外國人要去找他挺吃力的，不如我跟妳一起去吧！」

「沒關係，我自己面對就可以了。」我婉拒了同學的好意，心裡盤算著，就算被教授拒絕我也心甘情願——至少我可以就此死心了。

與恩師的相遇

我懷著忐忑不安的心情，到東京大學拜訪鈴木教授。

「請問教室裡面的那位老師是鈴木和夫教授嗎？」我向一位從教室內走出來的學生確認。

「沒有錯，他就是鈴木教授。」

在教室外等待許久，下課時間終於到了！我鼓起勇氣走了進去。

「鈴木教授您好！久仰您的大名！」我將《樹木醫學》拿了出來。

「妳有什麼事嗎？」

「我是從臺灣來日本唸書的留學生，目前就讀於東京農業大學。我非常喜歡這本書，它啟發了我，讓我立志當樹木醫生。我很仰慕您開的課程，想請問教授能讓我旁聽嗎？」

「這……恐怕有困難。」鈴木教授看著我，那眼神似乎洞悉我此行的目的。

「拜託教授給我一個機會！這學期結束後我就要回臺灣了，距離離開日本，已沒剩下多少時間了。我想把握最後的時間學習，我非常想上您的課，想了解關於樹木醫學的一切。」我對著教授懇切地鞠躬，希望我的誠意能打動他。

「原來如此，可是……我只給我的學生上課。」

「請告訴我該如何才能成為您的學生，我真的很想上您的課。」擔憂著會被教授拒絕，我努力壓抑住顫抖的聲音。

「首先，妳得先成為東大研究所的『聽講生』，通過考試後才能成為正式生，妳有信心嗎？」教授殷切的看著我。

「謝謝教授願意給我機會，我一定會努力學習，通過考試！」

「那麼，剩下的幾個月，妳先每週來旁聽一次吧！」

「真的嗎？謝謝教授願意給我機會！」

「不過，妳要考上樹木醫執照，學成後回臺灣貢獻所學。妳願意嗎？」

「我會努力的！」

走出農學院校門，我內心的激動絲毫未減，甚至懷疑眼前的一切會不會只是一場夢？且不管之後是否能如願考上東大研究所，光是剩下的三個月可以每週前來旁聽，就讓我像是中了樂透一樣開心！

旁聽樹木醫學

我開始著手農業大學造園系的休學手續，每週也一定會排除萬難跑去旁聽鈴木教授的樹木醫學課。每當課程結束，我就會走上前去深深一鞠躬，感謝教授給了我旁聽的機會。

教授每次僅回應我：「妳還好嗎？」

「非常好。」我故作堅強的回答。事實上，因為休學的關係，我已經無法繼續住在學生宿舍中，如今正面臨著無處落腳的窘境。

我跟著教授走回研究室，不斷的對教授表達我內心的感謝：「這幾個月即使只能旁聽，我都覺得非常充實，感謝老師不嫌棄我的能力，給了我這麼寶貴的機會。由於我已經向另一邊的學校辦理休學，必須暫時回臺灣，今天要先跟老師告辭了。」

農業大學先前幫我申請的留學簽證已到期，我不得不暫時離開日本。

鈴木教授豪爽地說：「趕緊先回去準備，我請學生幫妳申請留學簽證後，妳再回來日本，來校就讀。」

於是，我收拾了行囊，啟程回臺灣等待新的留學簽證。

半年後返回久違的東京，滿街的櫻花瘋狂的盛開。我拿著東大幫我申請的學生簽證，踏入東京大學校園，戰戰兢兢地前往鈴木教授的研究室。

鈴木教授給了我好幾本書，全都是日本高中的生物課本，他希望我能從頭開始打好生物學的基礎。為了彌補過去的不足，我開始不要命的苦讀，每天從早上八點一路念到半夜兩點。

開學後沒多久，有一天鈴木教授請我到研究室。

「詹桑，這裡有三萬元，給妳準備參加七月分的碩士班入學考試。」鈴木教授從皮包裡掏出錢來，遞給了我。

「老師，可是現在已經五月底了，距離考試剩不到兩個月。」

「這是日本學生的考試，我特別請系上讓妳一起報考，妳就當成是多一個經驗，嘗試看看吧！」

我一時語塞，只能點頭說：「好的，我知道了。」明知這次考試毫無勝算，我也只能硬著頭皮答應拚拚看。

自那天起，我每天清早便到學校，回到宿舍時已是凌晨。我住的宿舍很小，一伸手便能碰到全部的家當，就連睡覺時都得曲著雙腿入睡；我顧不得什麼睡得舒服、吃得健康或營養，眼前最重要的事情是力拚考試通過。

準備考試的同時，我仍舊必須應付每天的課程，當中最困難的莫過於心理平衡的維持。過去出身文科，立即跳入理工科是非常吃力且無助的。撇開日文的程度不說，當面對專業名詞與定義，缺乏基礎學理的我，每天上課都有如「鴨子聽雷」，十分挫折。我不斷尋求親友的建議，希望能找出解決的方法，但始終找不到任何答案。

就在學習陷入瓶頸時，過去造園系的同學突然來訪。我們併肩走在校園內，猶如剛到造園系學習時那般純真。朋友說自從我退學後，大家備感寂寞，也非常牽掛我轉學後的學習狀況。他手上帶著造園系老師給我的一封信，信中寫道：

「身為外國人，在異地學習並非易事。無論如何忙碌，請多多到公園、庭園走動，複習曾經認識過的樹木，重新對照觀察。」

我反覆看著老師的信，回想當初大家拿著圖鑑，對照樹木學習的情景，就是因為反覆的預習及複習才能進步……我頓時茅塞頓開——聽不懂就先預習，再到公園重新對照就可以了！

我重新調整了自己的學習方式，自此，我的學習狀況有如找到了一個光明的出口，變得順利許多。

提醒我緩下腳步的一跤

準備考試這段期間適逢東京的梅雨季，每晚我總是騎著單車趕回宿舍。一次，就在路口斜坡處因雨傘吹翻而緊急煞車的瞬間，我竟連人帶車地摔在路邊。我急忙爬回步道上，拚命擦拭溼透的書本，擦著擦著，一時間竟呆坐在步道上，笑看自己的窘態。

突然間，我發現四周圍的雨好像停了，我抬起頭來，看見研究室的學長站在一旁為我撐傘。

「讀書讀到那麼晚，如何平安的回到家？」學長嘴上說得嚴厲，卻蹲下來陪著我收拾散落一地的書籍，「衣褲都磨破受傷了，妳還在這裡狂笑！」

這一跤，讓我知道我該放慢腳步了！

之後，鈴木教授看我日以繼夜的專心準備，突然關心起我的狀況：「聽說妳最近搬家了，環境好嗎？」

我笑著說：「我住在一個非常棒的地方，不需要站起身就可以拿到所有的家當。非常方便！」

「四十年前，我當學生時也跟妳一樣！」教授微笑著說。

隔了幾天，教授走到我的桌前問我：「妳一個月的生活費需要多少錢？五萬日圓夠嗎？」

「太足夠了！」

「從下個月開始，妳幫忙當個小助教，研究室每個月支付妳五萬，這樣妳的生活費就有著落了。前提是，妳必須要很努力讀書，到植物園的時候，還要當小助教，必須能夠辨識出每一種樹木的名稱。」

考試失利

我參加了七月的入學考試，可惜這段期間的努力並沒有換得順利被錄取，教授告訴我，儘管其他科目考得一蹋糊塗，植物學卻取得了非常好的成績。結束考試後，我滿懷愧疚和歉意，走到研究室向教授道歉。

「老師，對不起，我考得亂七八糟……」

「我知道，不過妳盡力了！考完試有什麼心得？」老師問，「我教的植物學，妳考得很不錯呢！」

「報名費是老師您幫忙出的錢，我居然沒能達到目標，真的不知道該如何面對您。」

教授笑著說：「這幾個月，我看妳天天拚命讀書，能看到妳這樣的精神我就覺得非常值得了！這個暑假妳好好休息，半年後一定要考取！」

在鈴木教授的鞭策之下，儘管備感壓力，半年後我總算如願地以優異成績通過了考試。

入學後的第一次樹木醫學課，教授在課堂上提起紅木公園內的樹木，「有沒有人曾經到過現場一睹紅木的風采？」

我立即自告奮勇向大家分享自己當初親臨現場的感動，以及我人生第一次與樹木立下的約定。在充滿森林清香的紅木林中，每棵樹幹底部都有可愛的老虎爪；這個森林猶如住著許多的樹靈、神靈一樣，讓人忍不住感嘆世界的浩大、生物的奧祕。

樹皮

樹皮猶如樹木的皮膚，除了可保溫、降溫、防止過度日照，還能抵禦外來的病蟲害。樹皮可分為粗皮、薄皮等，這同時也是判斷樹種的一種依據。樹皮薄的樹種，還可藉由樹皮來判斷樹體的受風狀態。判斷薄皮樹種的受風程度時，可先觀察樹皮，也就是跟我們腋下等高的位置，若發現枝條下方呈現如同沙皮狗般的皺褶時，就可判定上方枝條常受到風的震動，因而出現皺狀樹皮。

樹皮因風壓所出現的皺褶，常見於樹幹基部或與人類腋下等高的樹幹處。

4

學習無價

研究室的生活

進入森林植物學研究室的第一年，我遇上了三年一次的戶外教學——前往屋久島參觀繩文杉。

當研究室開會討論教學旅行的細節，一旁的我打定主意要放棄此次活動——我真的沒有錢負擔旅費。雖然得到日本文部省的學費全額補助，但東京的生活仍然非常吃緊，有時甚至一天只能吃上一餐。

老師的禮物

會議中，大家熱烈地討論著屋久島的生態、自然價值，儘管內心充滿嚮往，我仍舊不得不面對現實生活的壓力，逼自己放棄這個難得的機會。當學長開始說明報名事宜時，我立即舉手發言：「各位老師及學長們，對於屋久島教學旅行我並沒有特別的興趣，請大家安心前往，研究室就交給我來看顧。」

鈴木教授看了我一眼，那個眼神像是把我給看透了。我一時心虛低下頭來，心想，再有興趣，面對生活的沉重，我也實在沒有選擇餘地。周遭的同學及學長熱絡地勸說我參加，我只能滿懷無奈地找更多的理由婉拒。

會議結束，我長嘆了一口氣，自認為已經說服了同學，也說服了自己。

此時，鈴木教授走近我身旁：「妳來我辦公室一趟，我有事要跟妳談。」

我跟在教授身後，擔憂著不參加教學旅行會不會有怎樣的後果。日本是很重視團隊精神的國家，我適才拒絕參加教學旅行，違背了團隊精神，不知道會得到怎樣的懲罰……我開始模擬各種可能的情境，找尋各式各樣的理由好做為回應。

鈴木教授一坐下便打開抽屜，拿出他的皮夾對我說：「這八萬日圓足夠支付這次屋久島教學旅行的費用，妳收下，但不准告訴其他學生。」

一見此景，我不由自主地後退了兩步：「千萬不可以，無功不受祿，這筆錢我無法收下。我很願意留在研究室，當個看門狗都行。」

「妳會錯意了。這筆錢是要給妳去學習，誰說要讓妳去旅行放鬆的？」教授把八萬日圓再次放在我的手上，「學習的心要比這些錢珍貴多了。」

我不由自主的熱淚滿眶，只能握著這筆錢、腳步沉重的走出辦公室。隻身在異地的我，一無所有，究竟能拿什麼償還此恩情？

屋久島教學旅行

期盼已久的教學旅行終於展開了，走出機場的剎那，我發現這裡的空氣味道簡直跟臺灣一模一樣，不論是行道樹、公園樹木，還民家庭園內種植的植栽，無不跟臺灣的樹木景觀一樣。

我彷彿回到了臺灣，思鄉之情頓時湧現。

屋久島的繩文杉位於海拔約一千三百公尺的高山上，想一睹其風采，首先必須攀登十公里左右的山路。儘管繩文杉登山步道已整修得十分完善，屋久島多雨潮溼的氣候致使步道溼滑難行，大大考驗了眾人的體力及意志力。

費了大半天的時間攀爬，經過了高山溼原、目睹了海岸線，我們總算進入了繩文杉的所在區域。

繩文杉的樹身需要十位大人合在一起才能環抱，據說它是在四千年前的繩文時代誕生的，是以喚名為「繩文杉」。

有學者推測，繩文杉的樹齡將近四千歲，也有人說至少七千歲。其實，四千歲也好，七千歲也罷，能在這颱風頻仍的屋久島上屹立不搖，在數不盡的摧折下成長為參天巨樹，著實難能可貴。

看著繩文杉坑坑巴巴的外型，讓我覺得它實在是醜得安全，老得珍貴。三百多年前是日本造林的全盛時期，日本政府廣植杉木做為建材使用；當時對於木材的要求是以材幹品質良好者為優先，繩文杉因樹幹上長滿了樹瘤、賣相不佳而逃過一劫，才得以保存至今。

我站在繩文杉面前深吸一口氣，感受樹體流動的氣流，就像是純淨且清涼的空氣。樹幹的樹皮如老人肌膚般充滿了皺褶，也隱藏著數不盡的歲月。繩文杉歷經了多個朝代、戰爭、氣候異常始終屹立不搖，它記錄了歷史的一切，更是歷史的見證者。

教學旅行結束前晚，全體師生在船舟上舉辦宴會，我對大家說：「身為外國留學生，能體驗這樣的學習機會實在叫我畢生難忘！」

這一晚的月亮特別圓，月光反射在水面上，隨著湖水輕輕搖曳。我們聆聽著樵夫的歌聲，欣賞著千山萬水，內心的滿足不言可喻。

我獨自走到船尾，坐在夾板上靜靜看著月亮，想著我窮到無法前來，卻得到了如此寶貴的機會，讓我深感內心無比富足。只是這份情，萬分感謝卻無以回報。

這趟教學旅行讓我重新省思了自己，不管面臨多少困難的考驗與挫折，珍惜眼前的一切，坦率的收下他人的關懷與體諒，假以時日盡力發揮、貢獻所學，才是真實的回報。這樣的體悟也成為我日後努力研究、學習的一股動力。

日本屋久島的繩文杉，位於海拔一千三百公尺的屋久島山脈，樹齡約為七千兩百年。

樹木小知識

繩文杉

屋久島的主要地質為花崗岩，土壤貧瘠又缺乏養分，在這樣的生長環境下，繩文杉卻能長得如此壯大；它點點滴滴吸收養分，緩慢生長，造就了硬實的木材，真的是非常不可思議的樹。

比起其他的杉木，繩文杉不僅樹脂多，又能抗菌防蟲，即使生長在多雨潮溼的氣候下，也能夠安然躲過受到腐朽侵蝕，經久不衰。

5

樹呀，你是誰？

記不住的芳名

「大樹啊，你能不能透露一點點關於你的訊息，我多麼想了解你……」

這是我學習樹木醫學的第一個夏天。度過了嚴冬，所有樹木像是從睡夢中甦醒，陸續緩慢的抽芽、展葉，呈現出綠意盎然的一面；這些長出來的幼葉便被我們喚做「新綠」。

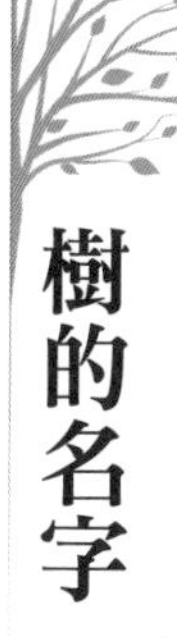

樹的名字

開學的第一堂課為樹木學，根據學長姊的經驗之談，樹木學是一門既艱辛又有趣的課程，進入這一門專業，首先當然就是要認識樹木——也就是將樹的名字分辨清楚。

這個春天讓我蠢蠢欲動，既期待又憂心。期待的是展葉後便能進入深山受訓、採葉，展開標本製作；憂心的則是來自熱帶國家的我，實在沒自信能識別出溫帶的樹木，相信這些樹木對我也極為陌生。就這樣，我抱著期待的心情，進入深山展開魔鬼訓練。

這一清早，一行人扛著登山裝備、手持大型垃圾袋來到秩父實驗林——不知情的人可能會以為我們是山裡的垃圾清道夫。一路上，老師帶領著我們，指著前方出現的樹木一一說明特徵，而我們則是忙著採集葉子，猛往垃圾袋裡丟，無暇欣賞樹木的姿態。這原本是向樹木自我介紹的好機會，我們卻一心惦念著採集樹葉的工作，連它們的正眼都不及細看！

就這樣，我們不斷攀登、不斷摘葉，到了最後，老師一開始講解的樹木我們一個都記不得。

怎樣都無法記得樹木的名字，是當下所有同學唯一的感受，這樣的無力感深深困擾著我們。身為外國人的我，連同學的名字都記不清楚了，怎麼有辦法將上百種異鄉的樹木名字都記下來？

走在隊伍的最後面，我也管不了老師的說明，索性靜靜的看著森林，一邊欣賞樹木的姿態，一邊望向忙著摘葉的同學。

「不要偷懶，趕緊跟上！」同學不時回過頭來提醒我。

就這樣走了半天，大家都累了，聲音也變小了，在隊伍後頭的我依稀聽到老師說：「這棵樹叫做山毛櫸，據說是森林女王，可以活超過兩百歲……山毛櫸的種子五年才豐收一次，到秋天時果實會一口氣掉落到地上，便宜了山裡的熊。這些動物三到五年才能食補一次，非常不容易。」

我眼睛為之一亮，原來山毛櫸有這樣特色啊！

走著走著，眼前出現了樹皮有如西瓜皮的樹，這是「瓜楓」——果然有瓜的氣味。我突然想到，樹木的名字跟它的特色有關連，想要辨別樹種，就得用心了解它們的特色，而不是拿著垃圾袋收拾枝葉就好！這番領悟讓我頓時對這堂課燃起了極大的興趣。

結束一整天收穫滿滿的課程，才是噩夢的開始，當垃圾袋內的枝葉一枝一枝展開時，我的腦袋竟然一片空白，說不出任何樹種的名字！

我翻開手邊的樹木圖鑑，試著確認這些枝葉的名字，卻覺得每個枝葉都長得十分類似，讓我挫折不已。最後，我只能茫然的將葉子擦拭乾淨，一整晚只忙著剪貼標本。

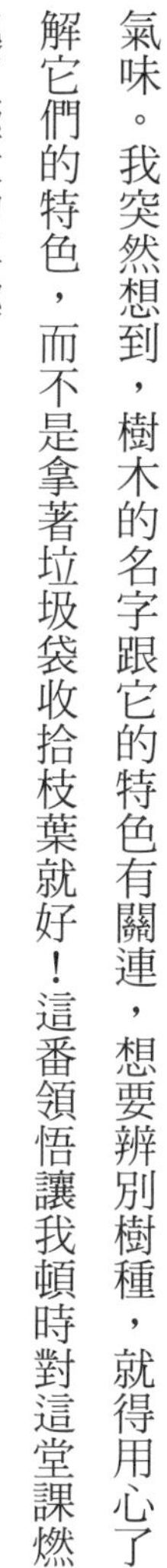

散發奶油醬油香的樹

到了深夜，總算是把今天撿拾到的枝葉都清理乾淨。我望著沉重的剪貼本，枝葉標本、採摘日期都一應俱全，獨獨缺少了名稱……

一位同學從我身旁走過，感嘆著明明才剛記下樹木的名字，卻沒過多久就忘記了，他拍拍我的肩膀，「身為日本人，我連自己國家的樹都記不得了，更何況是身為外國留學生的妳，真是不容易，加油！」

我步出宿舍，走到廣場中的樹林，欣賞月光反射在葉片上的光線，內心滿是挫折。此時，我突然聞到一股類似奶油醬油的香氣，我反覆觀望四周，想確認這股香味是否來自宿舍廚房。四周皆是樹林，不可能有這樣的香氣。

我像偵探般循著香氣尋找它的來源。費了很大的勁，終於找到了，無法置信的是，這股香氣竟然是某棵樹的葉子散發出來的。我一度懷疑是不是當時的我飢腸轆轆才產生了幻覺，然而反覆確認再確認，香氣確實是這棵樹散發出來的。

我坐在樹下，靜靜欣賞月光與樹影，這股靜謐感讓我開始想與樹木對話，我自言自語地說：「我是一個留學生，來到異地念書，連同學的名字都記不住，更記不得你們的名字。這一晚忙著擦拭每片辛苦摘來的葉子，卻始終不知道它們來自哪棵樹……可不可以透露那麼一點點你們的世界讓我知道，或者跟我說說你朋友的名字？」

自言自語了好一會兒，我感受不到任何回應，只好訕訕的對這棵樹說：「明天我還會再來看你。」

這一晚，就在很大的挫折與遺憾中度過了。

隔天一早，我前去尋找昨天散發出奶油醬油香的樹木。我循著那股清香走到樹的面前，香氣卻好像變弱了，我不禁懷疑自己是不是認錯了。老師看我一直站在樹下徘徊，於是走上前來，「妳發現什麼了嗎？」

「我想我大概是肚子餓了，總覺得這棵樹的葉子飄出濃濃的奶油醬油香。」

「就是它釋放的氣味沒有錯喔，它叫『連香樹』。由於葉子呈現心型，又散發出氣味，因此被取名連香樹。」

老師接著說：「在日本鄉下常見老一輩的人到深山採連香樹的葉子，曬乾後磨碎做為焚香的材料。它可是焚香的極品呢！」

我摸著樹幹，對著它說：「原來你叫連香樹啊！昨晚打擾了。原來你是這麼厲害的樹呢！」

第二天，我們要進入中高海拔區進行採葉工作。中高海拔區的林相更為簡單，但是需要注意危險動物出沒。

一路向上攀爬，摘葉的力氣慢慢地被消磨殆盡。抬眼看見成群的柳杉，樹皮上充滿了被啃噬過的痕跡；我們走上前去，想看看犯人是誰，才發現柳杉周圍散布著大大小小的糞便。

隨行的動物學老師興奮地拿起糞便向大家解釋：「這是鹿的糞，因為鹿喜歡吃樹皮，所以糞便中含有很多纖維質。」

「樹皮有那麼好吃嗎？」我心裡納悶，於是趁大夥兒圍著糞便觀察時，採了一點樹皮偷偷品嘗，味道竟然像在吃麥芽糖，還摻雜了一點點木材香，難怪鹿群那麼喜歡！

「你們也可以順便收集一些鹿糞帶回家，可以製作成和紙呢！」動物學老師興奮地大喊。面對老師對動物糞便的熱情，我只有滿臉的驚嘆與困惑。

走進中高海拔的森林內，我的腳步開始放慢了，我抬起頭，看到一片整齊劃一的唐松林。「太美了！」我忍不住讚嘆。

多數的松樹皆是常綠樹，少有落葉的針葉樹，唐松（Larixleptolepis）便是日本針葉樹中唯一會落葉的針葉樹。唐松為生長在中海拔以上的樹，毬果的外型有如小玫瑰，葉子會在十月轉成金黃色，初春時則綻放出清新的綠意。

有趣的是，這些唐松就像是排排站的士兵，排列整齊、互不干擾，簡直就跟我在月曆上看到的一模一樣。這些樹就這麼有禮貌，不會互相打架嗎？

原來，樹木會散發一種叫做「乙烯」的氣體，它就像人類的賀爾蒙一樣，可以幫助樹木向彼此傳遞訊息。當樹冠受到風的吹拂、葉子互相磨擦時便會產生乙烯，提醒彼此保持距離。如此密集生長的集團確實需要保持一定的距離，才能避免枝葉磨擦所帶來的損耗，讓人不得不佩服樹木生存的智慧。

人們習慣以黑松象徵男性，紅松象徵女性，兩者間的區別在於針葉的軟硬；唐松的姿態予人一股端莊、溫柔的感覺，它沒有黑松的傲氣，更沒紅松的豪放。我撿起地面上掉落的毬果，小心翼翼的收藏起來，欣喜若狂得像是撿到了寶石一般。這堂實習課除了讓我學到樹木的特徵，更教會我停下腳步欣賞樹木的美。

日本唐松為落葉針葉樹種，主要分布於亞高山帶，秋季時葉子會轉為漂亮的金黃色，煞是好看。

認識樹木的特訓

樹木學的標本實習結束後，我開始出現莫名的失落感，深感自己的知識遠遠不足。

回到校園後，我開始為自己訂立認識樹木的特訓。每到週六，我會跑到附近植物園或是公園，趁四下無人時偷偷摘取樹葉，帶回家鑑定。很快的，宿舍內的冰箱便被摘取回來的葉子給佔滿了，我每天反覆複習、練習鑑定樹名，仔細觀察葉脈的走向。

我拿著放大鏡看著葉子背後的氣孔，仔細觀察它的大小及開閉狀況。我發現有些葉子長滿了細毛，像人的皮膚一樣能幫助葉片保溼，甚至避免毛蟲咬傷；光亮的葉片則像是替自己擦了防曬油……

這些葉片的型態忠實的呈現出它們來自什麼樣的生長環境，更反映出他們適應環境的卓越能力，樹木的智慧真是無窮無盡！

樹木學的入門在於質疑它是誰。樹木具備了不同的地理性、區域性，並擁有特殊的生存技能與特徵，有時甚至與人類的文化息息相關——這就是所謂的樹木分類學。不過，拋開令人頭痛的學術分類，樹木的入門其實就是試著去認識它，感覺它，理解它並欣賞它！

樹木小知識

扁柚木

美國亞利桑那州的鳳凰城為沙漠城市，自機場出來就會發現沿路種滿了扁柚木（Parkinsonia aculeata），它是豆科樹種之一，又名綠皮樹。鳳凰城的高溫可達四十度，如此乾燥的氣候下，只有仙人掌等沙漠植物可以在此愉快生存，其餘的樹種則幾乎毫無立足之地——唯獨綠皮樹例外。

綠皮樹之所以能在此生存，實則與它的綠色樹皮有關。

理論上，葉子若要吸收太陽光，最有效率的顏色應該是黑色，然而，黑色的蓄熱效果太好，反而容易讓葉子受損。

在太陽光發出的可見光中，能量最高的部分集中在綠色光的波段中，也就是說，綠色光的能量是最高的。葉綠素會吸收波長約400~700nm的紅光及青紫光，並將綠色光反射出去，這是因為太高的能量對葉子並無好處，反而可能導致葉面灼傷。

綠皮樹便是靠著這樣的生存策略削減陽光帶來的傷害，獨霸鳳凰城。

6

樹木是活的

樹木獨特的生存之道

樹木也有自己的生存之道，用獨特的方式展現出生命力。

這是學期初始的迎新會，所有人都忙著張羅餐會。我走在校園中，一邊欣賞甫盛開的櫻花，一邊趕著前往迎新會的會場——在學校的實驗林農場。我實在無法理解，迎新會為何要辦在農場？

一走進農場，遠遠地便聽見遠處傳來了熱鬧的談笑聲，我順著引導走進會場，只見櫻花飄落滿地，地上擺著鋪了紅布的椅子，在座不管是學生或老師皆開懷的飲酒作樂。

我小心翼翼就坐，突然，一陣微風將櫻花瓣吹落，有如雪花般在空中飄舞，讓我頓時有了一股說不出來的幸福與感動。這是我生平第一次在樹下辦桌吃飯，沒想到竟是這般浪漫。

席間，我低調地推辭了所有的美酒佳餚，突然有一位老師問我：「妳為什麼不吃魚呢？」

「老師，我吃素。」

「樹也是活的，那妳吃不吃青菜啊？」

我愣了一下，「是啊……植物也是活的，那我該不該吃呢？」如此一來，我真不知道我還能吃什麼了。

沒錯，樹是活的，它是生物！

變年輕

有一天，指導教授告訴我：「日後妳要成為臺灣的樹木醫，臺灣的樹木因為氣候環境優渥，生長迅速，許多樹木幾乎都不休眠。妳是否可以想想該如何讓它們『變年輕』？」

教授的這段話讓我開始對「變年輕」三個字耿耿於懷，無時無刻都絞盡腦汁想找出如何讓樹木變年輕的方法。我每天站在圖書館的書櫃前，翻查樹木生理相關的書，卻始終找不到令我滿意的答案。有時，我甚至會站在校園內的大樹前，望著樹喃喃自語「變年輕、變年輕……」像是咒語又像是催眠。

「大樹啊，該怎麼樣才能讓你變年輕？我該開發仙丹嗎？又或是你有什麼好方法，我們一起探討好嗎？」

就這樣過了數個月，我還是找不到如何讓樹木變年輕的答案。

有天早晨，我自課堂回到研究室，發現教授留了張紙條在我桌上，上頭寫著校園前幾百公尺有人施工，請我前去觀摩。

「不就只是道路施工嗎？跟變年輕又有什麼關係啊？」我心想。

騎著單車前往施工現場，只看到一群人忙著開挖、修剪枝葉、移樹……也就是一般的道路植栽工程而已。

回到學校，教授問我對施工的感想如何？在我看來，那就只是很普通的養護工程，我實在看不出這跟變年輕有什麼關係。

收集臺灣的樹木資訊時，我無中留意到新聞報導了行道樹的修剪爭議。民眾抱怨政府單位將門前樹木修剪的太光、太醜，一時間竟也看不出誰錯誰對。

某天的例行研究會議時，我說明了臺灣面對樹木的態度與現狀。

「如果是妳家的樹，妳會不會修剪？又會選擇修剪哪些器官？」教授問。

聽了教授的提問，我開始認真思考，葉子是樹木的鼻子，呼吸作用是仰賴這個器官；修剪呼吸器官後還可以再生，而這個再生就是變年輕……原來修剪樹木就是讓它變年輕的方法！

「如果修剪是回春，那該怎麼剪才是對的？」我問教授。

他拍著我的肩膀說：「這就是妳的課題了啊！」

就讀造園系時，我雖修過剪樹課，學習的卻都是小灌木跟小樹的修剪。進入農場的修剪特訓後，我嘗試了各式各樣的樹種修剪，反覆練習開挖、斷根。修剪看似簡單，卻蘊含了很深的學問及技巧，如果樹葉修剪過量，便會阻斷地下根系的養分輸送帶，導致枝葉亂長、根系亂竄。

當時，指導我修剪的技士是農場的老員工，剪了一輩子的樹木。他告訴我，修剪能確保樹木維持健康，就算是森林內的樹木，也具備自行斷臂的機制。

在這段期間，我挑戰了各式各樣的修剪手法，過度修剪會耗費樹體能量，嚴重時甚至會導致樹木枯萎，讓我感到非常頹喪。若是修剪過頭，闊葉樹種尚且能憑著一股意志力再度伸展枝條，但松樹一旦強剪便無法再萌芽了。

其中，櫻花樹的修剪更是無比的考驗。

我們常說「修剪櫻花樹的是笨蛋」，櫻花樹體內含有較高的水分，修剪的傷口一旦沒照顧好，就很容易順著傷口腐朽下去，因此，只要是修剪超過拇指大小的枝條，就必須馬上為傷口塗抹藥劑。此外，櫻花樹的呼吸量要比其他樹木大得多，就連樹皮上的皮目（在樹皮上的小孔）也是它呼吸的器官，在修剪時必須格外小心。

恐嚇柿子樹

有一天，技士跟我走進農園，對我訴說他們故鄉流傳的故事。

「我的故鄉在東北宮城縣的小村落，每到了秋天，家家戶戶都會種滿柿子樹。小時候，我們都會期待老柿子樹上長出滿滿的果實，祖母會將柿子曬成柿子乾，這些柿子乾也就成為我們過年期間的零食。」老技士說。

「有一次，我們發現老柿子樹的果實明顯減少，一群孩子在樹下傷心的張望著。母親見狀便對老柿子樹說：『這棵老柿子樹已經老到無法結果了，明年我們把它給砍了當柴燒吧！』說完便揮動手上的鐮刀，順勢往樹幹上一砍。我們嚇呆了，急忙衝過去摸著受傷的老柿子樹，不解母親為何如此。沒想到，這棵老柿子樹彷彿聽到了我們的祈禱，竟然在隔年結出了滿滿的果子！一群孩子站在樹下望著豐收的老柿子樹，開心的喃喃自語：『它結果了！』直到懂事後，才知道這是我們當地的風俗。為了祈求柿子豐收，會恐嚇般的拿鐮刀輕輕劃傷樹幹，如此一來隔年就會豐收。」

聽完這則故事，我不由得對眼前的柿子樹生出好奇。

接著技師二話不說的把鐮刀往樹幹上輕劃一刀，用恐嚇的口吻對柿子樹說：「你要多長果實！」

他轉身告訴我：「這一刀劃下去，柿子樹嚇到了，為了趕緊保留下一代，日後就會長出很多果實。根據品種的不同，柿子樹通常可以生長三到四百歲，眼前這棵柿子樹才八十多歲，是身處壯年期的年輕柿子樹。」

經過數個月的修剪訓練，接著便進入斷根實習。

樹木的根系等同人類的嘴巴，能從土壤內吸收養分、水分。我們開挖各種樹種，發現土壤內是各式各樣的世界，根系的伸展方式也各有不同。比如說針葉樹，其根系會像竹筍般往上伸展以擷取珍貴的日照，根系為了支撐這樣的成長模式會進化為垂直主根，外形有如自土裡拔起的蘿蔔一樣。

不管是修剪或是斷根，都讓我深刻感受到樹木的生命力。若是過度修剪，樹木便會以徒長枝條來控訴我的錯誤，斷根過頭甚至會讓樹木枯死。

這段時間的臨床樹木外科手術，葬送在我手裡的樹木不計其數，讓我無比愧疚，只得更努力精進自己的專業；唯有如此，它們的犧牲才有意義。

樹木小知識

桃栗三年，柿子八年

柿子為柿子科柿子屬的喬木落葉果樹，原產地為中國，自唐朝時期傳入日本後，成為日本住家常見的庭園果樹。經自古以來不斷的栽培，如今已累積超過一千種品種的柿子樹。

我們常說「桃栗三年，柿子八年」，播種後，桃栗需要等待三年才會結果實，柿子則需要八年左右的時間。真的是這樣嗎？

事實上，桃樹苗從播種到結果確實需花費三年的時間，柿子樹則需約六到七年的時間才能慢慢結果。

柿子樹一般於冬季期間種植，需要排水良好的土壤環境。首先須準備赤玉土及天然堆肥，並在種植之前開挖直徑約一公尺、深約八十公分左右的植栽穴。為了確保排水，須於底土部分淺耕約二十公分，並自底層開始覆蓋二十公分的堆肥，再於堆肥之上覆蓋二十公分的用土，層層累積至表層。種植後再於表層以土塚方式覆蓋約二十公分的小山。最後立支柱，設水缽充分灌水。

柿子樹生長快速，需要大量的日照，枝條才會不斷的往上伸展。每年冬季須進行修剪，以去除亂枝、確保樹冠內的日照環境，方能促進柿子樹生長結果。

7

成為樹木醫

成為樹木醫前的最後關卡

樹木醫為樹木的醫生，其制度最早起源於日本。

樹木保護思想最早可溯及一八九七年所制定的森林法，當時的條文不僅著重森林保護，對於火災、病蟲害防治也不遺餘力，之後更逐漸發展出樹病學之類的學問，推動樹木生理及生態學等相關研究。若無法掌握樹木之名就無法展開樹木學，若是不理解樹木病原生理，也就無法成為樹木醫。

樹木醫制度於一九九一年開始啟動，起始於林野廳人才培養的計畫事業補助（起初為國家執照），至今登錄在案的樹木醫約有兩千名左右，於各地進行樹木的診斷及保全。

考取樹木醫執照者，以平均年齡四十歲以上的男性居多，須具備七年以上的現場經驗才具報考資格，可說是民間資格中難度最高的執照之一。

樹木醫考試分野涵蓋非常廣，如樹木學、樹木生理學、樹木生態學、土壤肥料學、樹木診斷學、樹木病學、樹木害蟲學、樹木立地學、樹木管理學、自然保護學、景觀學、巨樹學、樹木機械學等基礎學，以及造園學、都市計畫學、環境計畫學等運用學。

樹木醫主要的工作項目涵蓋了鄉里的老樹、巨樹、行道樹、名貴樹，甚至民家庭院內的樹木，在樹木受到損傷或病害時，進行樹木的診斷及恢復、病害的預防、樹木保全等。

信用與約束

我成為樹木醫的過程充滿了坎坷荊棘。

到日本留學之前，我只是一個日文系畢業的學生，在求學過程中接觸了不少日本庭園的相關資訊，因而對日本的大自然世界心生嚮往。立志成為樹木醫時，我並沒有任何相關的基礎知識，憑藉的只有一股熱情。

報考樹木醫資格必須要累積一定程度的相關經驗——無論是現場工作或者學術研究。準備考試期間，我曾到美國考察ISA樹藝師考試，想以此做為樹木醫考試的參考。最終卻發現ISA樹藝師頂多只能算是樹木學的基礎入門，無法拿來做為參考。

ISA樹藝師著重於樹型的修剪，跟旨在培養「樹木主治醫生」的日本樹木醫學相比，更像是在訓練美化樹木外型的美容師。此外，美國與日本因位屬不同的板塊，地理屬性差異極大，分布的樹種也大為不同，兩者所專精的樹種也因此大相逕庭。

另一方面，日本樹木醫考試並沒有公定的教科書，唯一的一本《樹木醫手冊》頂多只能算是參考書。為了加強相關專業，我涉獵了氣象學、環境計畫學等不同領域的專業，再加上歷屆考古題的分析，為考試進行更全面的準備。

想報考樹木醫，首先必須通過第一階段的資格審查，審查通過者才能進行筆試。筆試過後，取前一百二十名進入第二階段——也就是為期兩週的研修考試。筆試的內容除了針對各種病害用藥以外，重點著重在生態系統的平衡。樹木的修剪則歸類於樹木外科，屬於第二階段的研修考試。

我花了三個月的時間挑燈夜戰，戮力以赴，自樹木的生理切入，涉及病害、蟲害，再練習診斷方式、開處方等等。這段時間，我沉浸在樹木醫學的世界裡，感到莫名的幸福。能否通過筆試早已不再是我關注的焦點，因為這樣的學習讓我感到非常的滿足。

值得一提的是，第一階段的筆試便會要求受試者提出病害樹木的診斷及處方箋。對於未曾現場操作執行者來說，確實是一大考驗。

噩耗傳來

筆試結束的一個月後，我接到了第一階段的合格通知。我的心裡沒有一絲欣喜，只覺得戒慎恐懼——真正的難關是之後為期兩週的研修考試，剩下的準備時間也僅有兩個月。

母親得知我筆試合格，連忙將這個好消息說給病床上的父親。遺憾的是，來不及等到研修考試，父親便病逝了。

我回到臺灣處理為期一個月的喪事。至此，我對樹木醫研修考試已經毫無心力，每天面對靈堂上的父親喃喃自語，責怪自己不上進，一直蹉跎人生……漸漸的，我已不再去思索之後的研修考試。

待父親的後事處理完畢，只剩下短短的三天便要進入第二階段的研修考試，此時的我仍舊無法振作起精神，只是消極不已的面對眼前的一切。

看到我如此消沉，母親勸慰我：「妳還是要盡力而為，如果真的考取了，再燒一份證書給爸爸欣賞吧！」

展開研修考試

回到日本的隔日，我旋即被主辦單位安排住進訓練中心的住宿處，展開為期兩週的研修考試。

第一天報到時，負責簽到的小姐輕聲對我說：「一位鈴木教授特地致電要我替他轉達：『謝謝妳通過筆試，研修請加油！』」

我對她點點頭，強忍住滿眶的淚水，靜靜走向座位。

當試務人員在講臺前為研修考試進行開場說明時，我絲毫無法集中精神，只能不停地安撫自己，努力地把悲痛轉化為力量。

「難道這也是給我的考驗嗎？」我心想。

我開始回想當初鈴木教授的培養之恩。「一日為師終身為父」，我告訴我自己，人生旅途上我還有一位父親，都走到這一步了，無論如何我都要拋開一切、堅持到最後。

自這一天開始，我轉換了原本頹喪的心情，全心全力準備研修考試。

我應試的考場內，主要都是中年以上的歐吉桑居多，很少見到年輕女性。一天晚餐，一位同學走到我身旁對我說：「我的孫子年紀應該跟妳差不多，妳為何要考樹木醫呢？這麼不容易的事。妳看我考了五次，這次好不容易才通過筆試，得以參加研修考試。」

我心裡暗暗佩服他的勇氣與決心，向他解釋自己是為了信守對教授的承諾，所以必須考上樹木醫。

「當初來日本讀書，總希望能多學一點東西回報給父母，只是很可惜，一切都來不及了……」

這位同學旋即回應：「怎會來不及呢？妳才幾歲而已，我都退休這麼多年了，至今也才考過第一階段。」他摸摸自己的頭，要我注意他一頭泛白的頭髮。接著語重心長的說：「如果我的孫子能夠像妳這樣想，那該有多好呢！」

正式成為樹木醫生

考場規定，當天的考試若有超過三科不及格，就必須立刻退場；考場內的人數因此不斷銳減。最後一天，進行五人一組的面試，同學都希望能互相拖延時間，以減少答題次數。輪到我這一組面試時，主考官一見到我便開口詢問：「妳是臺灣人，為什麼想考樹木醫？」

「我曾經承諾過一位教授，要考到樹木醫，以回報他的提拔之恩。他希望我考取樹木醫之後，能回臺灣貢獻所學。」

「妳口中的這位恩師是誰呢？」

「他是東京大學的教授，但是已經退休了。」

主考官對我微笑：「他今天好像有來考場，妳待會應該可以看到他。」

我是接受面試的最後一組，結束面試走出考場，我遠遠便看到鈴木教授從隔壁考場走出來。原來教授也受邀擔任面試官，但他始終都沒有讓我知道。

我激動的跑上前去，對著教授深深一鞠躬，含著淚水說：「老師，讓您久等了。過了這麼多年，我終於實現承諾了。我將這個承諾放在心上很久了，感謝您當初的提拔之恩。請原諒我讓您等了那麼久，您都退休了我才實現了諾言。」

看著我向教授鞠躬，身邊的同學也忍不住拭淚。

考試結束後，我走在回家路上，卻對前方的道路感到茫然。我對樹木的熱愛來自父親的影響，父親是我的啟蒙老師，鈴木教授則是我樹木醫學的導師；若沒有父親的啟發，想必我也不會踏上這條路。我對樹木的熱愛全來自於父親的影響，當中也或許有那麼一點點遺傳的因素在裡面，我一直相信，來到日本取得技術或執照後，父親想必也會因此感到欣慰。一路走來，正是這樣的信念支持著我，也幫助我度過無數的阻礙與挫折，而今父親離世，我頓時有如找不到燈塔的海上迷途者，失去重心、徬徨無助。

而今，我必須打起精神，另立目標。我不斷擦拭淚水，告訴自己不該這樣下去，自此以後，我要把對父親的思念放在內心深處。

一個月後，樹木醫考試發布了合格名單，考取的同期興奮地結伴去東京都廳領證，然而，如此光榮的領證對我而言卻顯得一點都不重要——雖然順利考取了樹木醫，我卻也失去了摯愛的父親。

成為了樹木醫，眼前等待我的，是對社會、樹木的貢獻與回饋。

樹木小知識

樹木醫檢定制度

日本樹木醫合格率約百分之二十。要成為日本樹木醫，必須歷經各個階段的考驗。首先必須具備七年以上的現場業務經驗才有報考資格，所謂業務經驗是指具備從事樹木保護、管理、樹勢回復等相關研究或實務經驗。

申請報考需交付樹木治療等經驗報告書，審查通過後便可參與全國筆試，全國前一百二十名者始有資格進入下一階段的研修考試。

研修考試為期兩週，分為授課及實習。授課的研修科目共計十六科，於授課後進行筆記考試，超過三科不及格者當即退場。實習考試則包含樹木識別，外科診斷等。

通過兩週研修考試後，於最後一天進行面試，合格者便可登錄樹木醫號，授予樹木醫認定書。

8

邁向守護樹木的專業

愈磨難愈剛強

我在農學院期間度過了非常充實的學習生活。我經常羨慕同期的同學可以繼續自己的研究之路，邁向樹木病理學的博士課程，我卻礙於經濟因素不得不退出學術環境，暫時到社會上工作，累積樹木醫經驗。

跨入新的專業

二〇〇八年發生了四川汶水大地震，東京大學以協助重建為由，邀請我回到大學參與都江堰的都市重建，負責植栽規劃。

這段期間，我一心只想將過去的經歷學以致用，畢竟了解日本樹木的外國人並不多，同時還可以比對受災地的樹木生態植被等。我在協助規劃時發現，比起樹木醫，植栽規劃者才是握有樹木生死大權的人。

一直以來，我都是以樹木醫的立場思考該如何診斷、治療樹木，遇到生病的樹木時，我經常不解植栽規劃者為何要把樹種在這裡？這些設計者並不曾考量樹木適合何種生長環境，而是以景觀為出發點，決定了樹木要在哪裡生活；倘若一棵害怕強風的樹被不了解樹木的設計師安排至受風處，我相信即便是樹木醫，也無法真正治療、解決它所面臨的困境。

參與植栽計畫時，我經常會問設計者，對這些樹木的了解有多少？他們往往只叫得出樹種名稱，對於這些樹的特徵、性質、適合栽種於何種環境等等，卻完全答不出來。

多少個夜晚，我獨自走在校園內，內心反覆想著：「樹木不是這樣的，這些設計者應該是誤會了樹，他們的設計完全違背了我過去受過的樹木學訓練。」

不知不覺中，我走到農學院前方的銀杏樹下。當年離開農學院時，我曾經在銀杏樹下不捨的說：「我一定會再回來看你的。」此刻，即使經過了幾個冬季，人事全非，銀杏依舊還是當年的銀杏。

「好奇怪啊，決定樹木生死的竟然是設計者。如果有人能幫樹找個好家，它就不必生病了……」我對銀杏說。

結束了繁忙的都江堰植栽規畫後，某一天，工學院的教授問我要不要回東京大學攻讀博士。

「當樹木醫就夠了。何況我原本就志不在大學教書，不需要博士頭銜。」我笑著回答。

這位教授同樣也是農學院出身，之後才轉入工學的設計組。她看著我說：「樹木醫不是更該知道如何幫樹木安身立命嗎？憑妳一人之力，又能夠拯救多少樹？難道妳沒有想過，預防勝於治療嗎？」

大學工學院前的巨大銀杏樹。

的確，我在取得樹木醫資格後發現，一直治療、做事後補救也不是辦法，切入設計規劃者的立場才能從根本去解決問題。即使如此，我還是沒有勇氣攻讀博士——主要原因仍舊來自於經濟上的考量。

教授等不及我回應，直說：「妳不用想太多，我已經先幫妳報名了。」就這樣，我還來不及表達意見就被教授請回了。

距離工學院博士班考試只剩下短短三週的時間，即使我有農學的背景，也沒有天大的本領能立即學會都市工學的專業，不過，既然都已經走到這一步，我也只能放手一搏，就當是多一次考試的體驗也好。自那天起，我天天到圖書館報到，對著一整櫃都市計畫的書拚命苦讀。

我是農學院的碩士，之後考到樹木醫，因四川大地震回到東京大學工學院的都市計畫系，協助都江堰的植栽規劃，計畫結束後，又被工學院教授要求考工學院的博士課程……

我突然想起鈴木教授曾經說過，面對繁雜龐大的資訊時，就要學會先看大綱，找關鍵字預讀。於是，我開始針對目錄反覆預習，閱讀重點。

博士班筆試結束後，我自知能順利考取的機率極低，但已無愧於心，只能靜靜等候結果。此時，教授走進研究室，一見到我便握住我的雙手，興奮的說：「恭喜妳，剛好六十分錄取，一分不少！」

我一時不知所措，嘴上喃喃唸著感謝之語，整個人卻還在狀況外。我沒有任何欣喜的感覺——考上博士本來就不是我期待的結果，原本甚至還一廂情願的認為，如果不及格，我就可以繼續心無旁騖地當樹木醫了。

待大家紛紛離開後，我獨自望著工學院區的建築，感嘆自己跟這個學校的緣分始終未盡，既然走到這一步，我也只能硬著頭皮把博士唸完。

請用力的抱樹吧！

再度返回大學校園，第一件事便是到農學院，向大家報告我進工學院攻讀博士的消息。在場的教授、同期對於我回來念書的決定十分意外，紛紛不可置信的看著我。

我低聲地告訴教授：「攻讀農學博士都沒能力了，竟然還來攻讀工學博士，我還真的是自不量力。」

教授笑著說：「妳必然是要走這一遭的，有農學的基礎，再運用工學的設計學是未來的趨勢。妳必須具備跨領域的能力，畢竟，樹木醫學雖立足於基礎學，然而，有能力參與都市計畫、規劃設計，才能從源頭解決樹木所面臨的困境。妳要切記，保護樹木還是要站在執行面上。這也許是妳的使命，妳必須經歷更多的磨練。」

聽完教授這番話，我對於攻讀博士也出現了另一種想法，開始深信這就是另一個專業的訓練。

回到工學院，第一個被分派的調查研究就是東京皇居的樹木調查。

由於都市計畫需要將行道樹的樹籍資料輸入至GIS定位系統（一種電子資訊系統，將樹木的各項資訊輸入之後，只要在電子地圖上點選即可顯示樹木的相關資料），因此，每天一早我就會到皇居周圍，進行每一棵樹木的健康診斷。

某天，我聽到皇居周圍的便衣警察拿著對講機通報：「十點鐘方向有一位可疑人士往前方走去。」

隱約聽見談話內容的我，還以為附近有危險人物出沒。

就在我戰戰兢兢的躲在樹後，急著想離開時，一位便衣警察走向前來對我說：「小姐，我注意妳很久了，妳為什麼要天天來這裡抱著樹？我不知道妳是不是有其他的考量，但這裡絕不是妳可以胡作非為的地方。如果妳有任何壓力，我建議妳去看醫生，尋求專業的幫助。」

我一時不知該如何解釋，只好對便衣警察說：「引起你們的注意我很抱歉，我是來調查樹木的。」

「如果是這樣的話，請妳出示相關單位的證明。」

我急忙出示身上唯一能證明身分的學生證，便衣警察一看到我的學生證便連忙道歉：「失禮了，請好好用力的抱樹，我們打擾妳了，非常抱歉！」

自這一天開始，不論我怎麼抱樹、調查樹，他們就像是守衛一樣，靜靜地在一旁看著我調查。

除了樹木的調查以外，還有忙不完的設計、做不完的模型製作。經過一年的煎熬，我發現不論是同學還是學弟妹，都陸陸續續得到了憂鬱症。每當進入研究室，高壓沉悶的氣場總是壓得我難以呼吸；我開始嚮往農學院時期的生活，想尋求接近樹木的工作。

這天，我對教授說：「我對環境設計毫無天分，覺得自己還是比較適合當樹木醫，何況我本來就無意取得博士學位或是在大學任教。」

語畢，我拿出休學文件想請教授簽名，教授卻二話不說將文件往我臉上丟。「我沒有允許妳可以休學！當上樹木醫又怎樣？難道會比這張博士學位值錢嗎？要讓大家認同妳，不是單憑樹木醫執照而已。想推動並影響上位者的計畫，沒有博士學位是不會有機會的。為何妳的視野不能打開，總是只想當區區的一介樹木醫！」教授大聲斥責。

面對教授的一番訓誡，我十足破敗而啞口無言。

經過長時間的訓話，教授最後妥協，允許我暫時離開研究崗位，出國考察一年；教授要求我簽下切結書，承諾會在一年後回來完成學位。我卻在心中暗暗盤算，出國考察一年後便直接回來辦理退學。

我隨即啟程到紐約考察行道樹的規劃、設計，調查法國大革命時期的行道樹設計概念與手法。研究法國香榭大道的植栽規劃時，我時常會到紐約中央圖書館調閱當時的設計圖，令我驚訝的是，即便已經過了百年，這些文獻、設計手稿仍舊保存得極為良好。

一年的考察很快就進入尾聲了，我在某一天收到了教授的來信。我顫抖著雙手展開信件，信裡頭的第一句話便寫著：「妳會履行諾言嗎？」

信中字字句句的責備彷彿撕裂著我的心，讓我無法往下閱讀。

我回信告訴教授：「我欠缺研究資質，絕對不是博士的合適人選。也請原諒我的任性，辜負了您的一番栽培。」

在一來一往的信件往返中，教授的責備與教誨讓我備感煎熬，內心的愧疚感也愈來愈重，我開始覺得，該是時候回去面對這一切了。

最後，我跟教授達成了協議，以研究臺灣的樹木綠化為交換條件，我總算願意回到日本繼續攻讀博士學位。

回到日本與教授再會，他在眾人面前友善的擁抱我，熱情的對我說歡迎回來，彷彿過去那段衝突從未發生過。我的內心充滿了無奈，我只想過著親近樹木的平凡生活，可惜卻身不由己。

回到學校後，我繼續過著如火如荼的研究生活。

當進入博士論文報告口試階段，我因尋求複查教授的事情而與教授起了爭執。教授一氣之下將我的論文往地上丟，還用力的踩了幾腳，我只能默默蹲下來，一邊掉淚一邊收拾散落一地的文件。

「複查教授的事情沒安排好，就無法進行口試。既然如此，我也不需強求博士學位了。」思及此，我於是灑脫的走出研究室。

看到我甩頭走出研究室，教授生氣的追了出來，當著眾人的面前大聲斥喝：「妳就這樣放棄了嗎？」

「找尋複查教授的程序沒掌握好，是我的失誤。既然來不及，我也沒有辦法，只能說可惜。」

教授指著我鼻子說：「妳是我最後一個指導的博士生，我剩下三個月就要退休了，妳還是得畢業！」

兩人就這麼不歡而散。

當晚，教授寄了封電子郵件給我，說複查教授的事會另有安排，請我照舊於明早上臺口試。他再三強調，一定會肯定我的論文，讓我順利通過口試。

沒想到，隔天的口試過程卻宛如上戰場般的慘烈。在座的教授都給了我很大的肯定，唯獨教授嚴重否定我的論文內容，不斷的提出了許多質疑，甚至一路追罵到我下臺為止。

口試結束後，我頹喪地步出會場，心想著在農學院時期，無論發生什麼事情、是對是錯，我總是會先低頭道歉。這一轉念，我隨即買了瓶飲料放在教授桌上，並在上頭留了張紙條：「老師，對不起，我不該做出如此無禮的舉動，真的非常抱歉。」

一走出辦公室，便看到教授拿著沉重的文件朝我走來。

「老師，真的很抱歉，身為學生，不論發生什麼事都不該奪門而出，這種負氣的態度實在不可取。請原諒我的無知、幼稚。」我對教授說。

「沒關係！」教授微笑著說，「不過，今天的口試還有許多地方需要修改，請好好專注在論文內容上。」

自這一天開始，為了修改博士論文，我整整三個月都沒有好好睡過，教授反覆的責備、為難、朝令夕改，以及討論內容時的無情謾罵，都讓我宛如身處地獄一般痛苦。那段時間，我時常捧著論文，六神無主的走在校園內，連平時最能撫慰我的樹木都彷佛失了色彩，只是毫無表情地盯著我瞧。

在這一瞬間，浮上腦海的，是自己彎腰一鞠躬的畫面。

在身心俱疲，接近崩潰的臨界點時，唯一支撐我走過這些煎熬的，就是「謝謝」這兩個字帶來的力量——無論受到任何的辱罵，都懷抱著感恩的心，對任何看似無理的為難，深深一鞠躬說：「謝謝！」

畢業典禮

畢業典禮當天，所有的同學都盛裝出席，只有我穿著平常的服裝，在一群畢業生中顯得格外引人注目。

此時，教授走近我：「今天是畢業典禮，我只有妳這個博士畢業生，這般模樣成何體統？」

我回答：「畢業證書只是薄薄的一張紙，卻承載了無比沉重的社會責任，沒什麼好慶祝的。」

領取了畢業證書後，所有人都興奮不已的拉著家人拍攝全家福照。我獨自一個人靜靜走在校園內，抬頭望著滿天的櫻花瓣如雪花紛飛，似在歡送我離開。我在這個校園歷經了十次的櫻花盛開，我一股傻勁的走入樹木的世界，也愛上了樹。取得環境設計學博士後，便能自設計概念切入，幫助樹木安身立命，對樹木機能也更加了解了。這一段旅程，遙遠且艱辛，一路相伴的，是不曾背叛過我的樹木，永遠站在那裡守護著我。

當晚的送別會上，教授握著我的手，恭喜我順利畢業。送別會接近尾聲，教授對我說：「今日妳畢業，出了學校後沒有人會如我一般蹂躪妳、糟蹋妳。妳要永遠記得這個痛，不可驕傲，謙卑為懷。」

「老師，我真的不曾怨恨過你。我滿心感謝您給我的考驗，幫助我越過了不少挫折與困難，攻讀這個博士學位，我學到的是『感謝』二字的力量，讓我終生受益。」

當我畢業時，教授也同時退休，我是他最後招收的博士學生。我常常無法理解他為何要給我如此大的壓力，直到我出了社會，才發現再也沒有任何人能如他一樣瘋狂。因為如此，之後的我即使遇到再多的妖魔鬼怪也無懼，因為我早已練就了無人能敵的抗壓性。

數年後的某天，我偶然經過了教授退休後任教的大學。走進研究室看見他的那一剎那，我發現教授的臉上多了一股慈祥的氣息，讓我不禁感嘆歲月竟能給人帶來如此大的變化。

教授驚訝地拉著我的手說：「多年不見了，妳好嗎？妳有沒有好好去教書？有沒有好好救樹木？」

這是教授第三次握著我的手說話。

「我等一下有課，妳來課堂上對大家說幾句話好嗎？」

在教授的邀請下，我站上講堂，拿起麥克風向臺下的學生說：「我以身為老師的學生為榮，有老師的鞭策才有今日的我。老師的這份恩情我永生難忘！儘管老師很嚴格，我還是這樣走過來了，請相信老師的嚴格，日後，你們會如同我一樣感謝老師的。」

離開老師任教的校園，我走在回家路上，心裡想著：「原來，今天才是我的畢業典禮啊！」

腦海浮現自己初進工學院的那一幕，到今日在臺上一鞠躬，萬分感謝的落幕。回首過去這條漫長又艱辛的道路，我恐怕不會有勇氣再走第二次，人生就這麼一回，而我了無遺憾。

樹木小知識

東方小巴黎

說起香樹大道，跟臺灣的行道樹確實有那麼一點關係，臺北市總統府附近的三線道路——愛國東西路——當時也被稱為東方小巴黎。

巴黎香榭大道的植栽設計是由當時的造園家阿爾方（Jean-Charles Adolphe Alphand，一八一七年～一八九一年）所負責，對樹木的保護如支架、植栽距離、樹種選定、植栽管理等細部都十分注重，讓人嘆為觀止。當時，日本甚至派遣了使節團，專程去巴黎考察香榭大道，想要將都市規劃的概念導入東京街道。不過一直要到日據時期，這些植栽規劃才得以在當時的殖民地——臺灣——付諸實行。

Part2

樹木的療癒

1

懂樹木

讓櫻花樹呼吸呀！

某年夏天，桃園市政府開辦了樹藝課程，邀請我前去擔任講師。報名參加者不乏來自各地的學員，其中最特別的，是兩位從高雄趕來上課的出家師父。

兩位師父負責寺院的樹木及環境綠化，因深感自身對樹木管理的知識不足，所以特地拜託主辦單位讓他們參與課程。

這一天的課程主題是自然農藥。我告訴大家，害蟲也是地球上的一分子，只因為生存之道與人類相衝突，不小心危害了我們的作物、樹木，我們便以人類的立場將其視為害蟲，甚至為了對付牠們開發了不少農藥，害了蟲也破壞了環境，更害到我們自己。

自然農藥就是利用植物的特殊氣味、毒素，自物理及生物角度來驅除害蟲，以維持自然界、生態之間的平衡和諧。

課程結束後，兩位師父特地前來找我。

「老師，我們寺院內種植了許多的樹木，其中有很多樹都因為我們的錯誤觀念而面臨了苦難。我們雖然有心照顧，卻因為專業知識不足，導致錯誤反覆發生，結果就是樹木怎麼種怎麼死。不知道是不是能麻煩老師來寺院一趟，幫助這些樹木？」

於是，我挑了一天南下高雄，前往寺院勘查樹木的生長狀況。

等待我到來的櫻花樹

這一天是陰天，一進入山區，沿途櫻花樹的情況一覽無遺。我在車上不發一語，靜靜望著一棵又一棵的櫻花樹，感受它們的生長狀況。

抵達寺院後，我走進大殿內誠心參拜，此情此景讓我憶起多年前住在寺院的那段往事。師父招待我喝茶，開始談起寺院的歷史、櫻花的種植細節等。

「前陣子，我們委託了廠商來寺院修剪樹木，豈料工務車一開到山下便拋錨，無論如何都上不了山，樹木的處理也因此暫緩了。今天終於等到老師來這裡，相信樹木們也期待很久了。」

喝完熱茶不久，一行人便沿著山路往下走，就近勘查櫻花樹的狀況。我聽著師父解釋櫻花大道的種植管理，努力忍住責備之心。這條山路兩側種滿了山櫻花，植栽穴內卻看不到土壤，全都被水泥覆蓋。有些櫻花挺不過如此惡劣的生長環境，陸續出現枯損、死亡，倖存的則是樹型扭曲、樹幹腐朽，慘不忍睹。

師父問：「老師，我們的櫻花是不是沒有救了？幾年下來，櫻花樹陸續枯死，剩下沒幾棵，我們也找不出原因，實在不知道該怎麼辦才好。明明是種在這樣美好的自然環境中，怎麼就不敵環境而枯死了呢？」

「這座山面海，離海又近，東北季風強勁又位處迎風面，櫻花樹很怕寒風，再加上海風中的鹽分，對樹冠枝葉又是一大威脅。再來就是人為的災害，種植的時候鋪裝水泥，致使櫻花樹無法呼吸，所以，體質好的櫻花樹撐過去了，虛弱的櫻花樹就陸續枯損，以致今日所剩無幾。」

師父很震驚的看著我，忙問：「那該怎麼辦呢？有沒有什麼方法能夠改善這樣的狀況？」

「的確有方法，不過是大工程。首先必須把水泥全部敲掉，改善植栽基盤，才能幫櫻花樹延命。不過，現在還不能驚動櫻花樹，只能等到秋冬之際再動土。」

老天開燈

三個月後，我隨同助理再次來到位於高雄的寺院，前往現場做最後勘查，決定開挖程序。一到山下，沿途的大雨竟然立時趨緩。

進行植栽基盤改良後，山櫻花新長出的不定枝。

「雨變小之後，就可以下車勘查櫻花樹群了。」我暗自慶幸。我下了車，撐著雨傘朝山坡上走。心想，天色如此黯淡，想確認山櫻的狀況恐怕會很困難。

正當我為此苦惱時，一道曙光射向大地，路面積水反射出光芒，照亮了整條大道，有如老天開了盞燈，幫助我勘查，讓我內心非常感動。我仔細確認櫻花的生長狀況，計算出可開挖的時期，再將工程細節告知寺院師父。

一進入秋季便隨即展開了敲開水泥的工程，接著就要等到櫻花樹的冬眠期，才能著手整頓植栽基盤、改良土壤。由於工程浩大，又無法借助機械，幾乎都是靠著人力的幫忙才得已完成植栽的基盤整頓——師父為此特地請託了二十多位信徒前來幫忙。

兩個月後，水泥撬開處已可發現想呼吸新鮮空氣的嫩芽破土而出，整條大道上的櫻花陸續展芽，含苞待放，迎接春天到來。

許多人以為只要把樹種到土裡，它就會發芽、開花，好好活著。試想，我們破壞了櫻花樹的生存空間，忽視了它所需要的生長環境，又怎麼可能看到櫻花綻放的那天？

櫻花大道的整治工程除了改變了參與者的種樹觀念，也間接影響了他們的心，樹木教會我們團結、集氣，這股力量，也成為櫻花樹綻放的力量。

葉綠素與血紅素

葉綠素有如樹木的血紅素，與人體的血紅素有著相似的基本構造，唯一不同的是，葉綠素的分子結構中央為鎂，血紅素則為鐵。

開挖豆科植物的根系，可觀察到根系上有著粒狀的根瘤，而這裡面正住著根瘤菌。根瘤菌是豆科植物耐貧瘠的主要原因，根瘤菌能吸取空氣中的氮素供豆科植物使用，兩者為共生關係。

由於根瘤菌內的固氮酵素一遇到氧氣便會失去活性，因此根瘤菌多生活於土壤、朽木等低氧環境中。然而，根瘤菌仍需氧氣以進行呼吸作用，才能生產固氮所需的能量；此時，葉綠素便能扮演輸送氧氣的角色，讓呼吸作用順利進行。葉綠素的功能就有如人體內負責輸送氧氣的紅血球。

將根瘤切開來，會發現內部有著紅點，這就是豆科植物的血紅素。

土壤改良後，山櫻花恢復樹勢，含苞待放。

2

櫻花，請不要客死他鄉！

面臨移除危機的混血兒

二〇一〇年盛夏，我因國際研究交流來到臺南，進行短期的樹木研究。我出生在北部，也沒有任何親戚住在臺南，因此對臺南極為陌生。第一次來到臺南，感覺就像到了不同的國度，一切都顯得新鮮又特別。

臺南為日據時期的古都，街道及公園多少還可以看見當年的風采。我穿梭在臺南市中心的街道上，遙想百年前的日據時期，號稱臺灣第一條近代行道樹在此誕生，當時的設計者是否也跟我一樣，被炙熱的太陽烤得宛如置身沙漠，渴望能有行道樹為自己遮蔭。

鳳凰新道

說起臺灣的行道樹史，一般人的焦點多集中於當時的臺北，也就是環繞著總統府附近的道路。其實，臺灣第一條近代行道樹大道出現在臺南，種滿了鳳凰木，在當時又被稱為鳳凰新道。

歐洲自工業革命起，都市文明取代了過去的農耕生活。十七世紀後，歐洲各國開始拆除城牆壕溝，改闢為綠道、園林大道，這股風潮在十八世紀的法國大革命時期發展至頂峰，法國的香榭大道便是當時最負盛名的綠化典範。

回到東方，日本邁入明治維新，日本政府也在十九世紀開始陸續派遣考察團觀摩西歐的都市規劃，觀摩的首站便是法國。考察團見識了香榭大道的設計，為之驚嘆不已。回到國內的遣使也開始展開東京的都市計畫。

有趣的是，日本政府大費周章考察了西方的行道樹規劃，最後卻選擇當時的殖民地——臺灣——做為實現地。首先於臺北市的三線道路導入林蔭大道規劃，號稱東方小巴黎。但由於未能確實掌握熱帶氣候的特性，種植計畫反覆出現錯誤，最終以失敗告終。

殖民地政府對三線道路的失敗痛定思痛，決心再度挑戰。於是導入法國技師阿爾方的行道樹規劃要素，如植栽距離、支架等，於臺南的街道施行種植計畫。臺灣第一個近代行道樹大道——鳳凰新道，就這樣在臺南誕生了。

據當時總督府的技師描述，鳳凰木為美國馬達加斯加島原產樹木，廣泛種植於太平洋諸島（時為日本殖民地），因氣候與原產地相近而生長旺盛。鳳凰木的體態高雅、枝葉纖細，被日本政府列為一級樹種。第一批種子自錫蘭島先帶回沖繩育種成功，再移轉至臺灣育苗。之後為了擴大苗圃育苗，於一八九六年末自新加坡領事館取得一批種子後展開育苗計畫。

如今，鳳凰木已成為臺南市的市樹，其導入的歷史過程也著實耐人尋味。走在舊時的鳳凰新道，早已不復見鳳凰木的蹤影，只能遙想當年的街道風采。

適應不良的美麗嬌客

待在臺南這段期間，除了大學內的研究外，我經常出沒於市區內的公園，也因此結識了許多熱情的鄉民及政府職員。在一個因緣之下，我認識了一位負責管理行道樹的政府職員，多虧他的熱心解說，讓我得以在短時間內認識了不一樣的臺南。

有一天，他邀請我前往某處公園會勘，公園內的櫻花來自溫帶氣候的日本，生長狀況並不理想。

會勘的過程中，一位自稱生態學者的人也一同前往，口裡不停叨念著櫻花樹水土不服，無法適應臺灣的氣候，應該改種植苦楝樹，幫忙遮陽。

我走上前去確認櫻花樹的品種，「這是河津櫻，它的父母是大島櫻與臺灣山櫻花，棲息地為伊豆半島，喜好潮溼溫暖的自然環境。河津櫻雖然並非臺灣原生樹種，卻也擁有臺灣山櫻花一半的血統及體質，應該不至於因為水土不服而枯損才對。」

在場眾人討論了許多可能的解決方案，也提出穿插種植苦楝樹與臺灣原生樹種的方法。我非常不贊成這種作法，櫻花樹有很強的集團性，若是在其中穿插其他強健的原生樹種，這些櫻花樹恐怕會自我放棄！

其實，這並不是水土不服的問題，而是我們沒有給櫻足夠的生長環境。既然已經種植多年，實在沒有強行拔除的道理，而種植其他樹木只會破壞櫻花樹的生態及生長基盤，也實在不是合宜的選擇。

不可否認，許多櫻花品種是來自溫帶，而臺灣種植櫻花樹的概念也較為薄弱。我們不難在日本的月曆中發現，日本的櫻花大多種植在堤防、山坡、土壘上，這也告訴了我們，櫻花喜歡排水良好的地方。再者，喜歡排水良好的樹種多偏好通氣良好的土質，公園的生長環境除了多是平地以外，往往缺乏排水設施，土質也選用錯誤。

會勘後不久，我在同期樹木醫的通訊群組內提及河津櫻的遭遇。一時間留言沸騰，紛紛訴說著：「不要讓櫻花樹客死他鄉！拜託！」「站在樹木醫的立場，請務必要救救它！」

各方樹木醫的聲援激起了我身為樹木醫的使命，經過多日的研討，我集結了各地樹木醫的智慧，最終決定動土開挖。儘管時值最酷熱的七月，不適合動土開挖，但是面對櫻花樹的衰弱，也不得不挑戰櫻花樹與我的決心。我暫時將研究交流停擺，一心只想拯救櫻花樹。

不久後，我得到了公園管理處的動工許可，管理處也允諾會派一批工人前來支援往櫻花樹的治療工程。

這天清早，我隨著卡車進入現場，在卡車上清點工具。近二十位的工人，雜亂無序的聚集在一塊兒。遠遠的我便聽見工頭操著流利的臺語大喊：「樹木醫呢？不是說樹木醫也會來嗎？今天要帶我們的樹木醫人在哪？」

我站在卡車上大喊：「我就是樹木醫。」

所有的工人頓時朝我的方向走來，「別開玩笑了，怎會是妳這麼一位小姐？我們還以為樹木醫會是個漢草很好的歐吉桑呢！」

我跳下卡車，向眾人深深一鞠躬：「我是後輩，這為期十天的工程還需要各位大哥、大叔的幫忙。」

炎炎夏日，在高溫三十五度的烈陽照射之下，別說是待救治的櫻花樹了，就連現場開挖的工人也幾乎承受不住這般的體力消耗。

開始開挖後，這些櫻花的委屈完全曝露了出來——整棵樹竟是連著塑膠盆一起種進去的！櫻花樹就像是被人裹了小腳般，毫無透氣、伸展的空間。

所有的工人都邊開挖邊感嘆：「這樣這些櫻花要怎麼活呀！」

不久後，養護廠商來到現場恐嚇：「你們敢開挖就試看看！」

養護商承包了公園的樹木養護工程，一旦有樹木枯死，他們便會立即將枯死的樹木移除，補植新樹，再據此向政府申請費用。

現場工人感受到恐嚇的壓力，一個個不知所措。

「為了治好這些櫻花樹，開挖工程是勢在必行的！」就算壓力當前，為了拯救櫻花，我還是得往前看，不畏不懼。

紅火蟻攪局

公園的櫻花樹基地還有另外一個嚴重的問題——紅火蟻。隨著開挖作業的進行，許多工人都陸續遭紅火蟻咬傷，導致開挖進度減緩。

我叮嚀所有工人：「是我們打擾紅火蟻在先，麻煩大家先以竹子攪動土層，讓紅火蟻先行離開再開挖，誰都不准撲殺紅火蟻。」

沒想到之後連我也難逃咬傷，手背腫脹如同一粒芭樂大小，痛苦難當。受傷的工人委屈的說：「一天工資才八百元，看完醫生一半就沒了。」

我充滿歉意地對他們說：「我是義工身分而來，沒有工資，明天我會多拿些藥給你們。」

之後每次上工前，我都會拿著藥膏幫工人上藥。

在熾熱的天氣之下，我再三提醒工人們：「開挖時櫻花樹很緊張，一旦將塑膠盆拿開，請盡可能用最快的速度覆土灌水。千萬拜託了！」

工人們雖然無法理解我的用意，仍舊熱心地到處宣傳：「樹醫生說，開挖時櫻花樹很緊張，樹很痛，醫生的心也痛！」

在大家不厭其煩的叮嚀下，開挖作業總算順利的完成了。

工人們得知我是義工後，每次午休時間必定會買飲料給我。

「妳明明是來幫忙的義工，卻那麼認真工作，連午休也沒在休息，看妳這個樣子，我們也就更願意賣力工作了。我們是粗人，沒讀多少書，也不受人重視，妳身為樹醫生卻願意好好的傾聽我們說話，真的讓我們覺得很欣慰！」一位工人對我說。

聽完這番話，我在櫻花樹下對大家說：「我雖然比各位多讀了幾本書，卻純粹是出於我個人的興趣，不是為了與人爭高低。其實論年紀，我或許可以當你們的女兒、甚至孫女了。拯救這些櫻花樹，是希望日後你們不用特地去日本或國外賞櫻，讓大家知道我們的故鄉也有這麼美的櫻花可以欣賞。多年以後櫻花茂盛，我希望你們可以自豪的告訴自己的子孫：『當初就是有阿公努力種櫻花，你們今天才能在這裡賞櫻。前人種樹後人乘涼！』這就是我來當義工的目的。」

我常常對工人們說：「我是樹醫生，櫻花樹雖然不會付錢給我，但是會努力開花給我看。」

為期近兩週的作業，自開始的煩躁，到最後所有工人集氣相挺，整個團隊合力一心，也讓我感到非常值得。「妳看，櫻花樹回報給妳了。」之後，處理過的樹陸續展開新葉，許多工人紛紛跑來對我說。

工程接近尾聲，我情不自禁地撫著櫻花樹的新葉，喃喃說著：「你金架有聽樹木醫的話！葉子發新芽，金勢！」

「請大家過來排隊站好，我們要一起拍照！這是大家一起努力的見證。」我滿懷喜悅地對著眾人大喊。

治療開挖的兩年後，公園內的河津櫻陸陸續續適應了環境，每年一、二月也使盡全力開花。我自知再也沒有機會特地來臺南了，於是對河津櫻說：「我盡力了！我的短暫出現不能幫你們解決所有的困難，祈禱你們日後能遇到真正愛你們的園丁，你們才能好好生存！」

植栽基盤處理後，河津櫻展開新的枝葉，重新恢復生機。

樹木小知識

櫻花的集團習性

中國的國花為牡丹，日本的國花則是櫻花。即使是同一棵牡丹花，也會在不同的時期開花，每朵花的顏色、姿態也各有不同，彼此競爭著。中國人便如同牡丹一般，個性堅強、競爭意識旺盛，每個人都具備了各自的特色。

相對的，日本人在民族性、甚至思維都有如櫻花一般。只要一提起花，任何日本人的第一個反應就是想到櫻花。一齊展開的櫻花，連凋謝了還具有花飄雪的氣韻。一朵櫻花也許並不顯眼，但集結為一整棵樹時，那盛放的華美姿態，卻給人們帶來十足的震撼。這也反映了日本人重視團隊精神、互助、團結的特性。一朵櫻花的姿態再美，也敵不過一整片盛開的花群；櫻花的集團習性，也就是日本人團體行動的集團主義。

3

默默守護的真愛

樹木醫背後的無名英雄

樹木醫的治療只是一個推手，想要讓樹木健康生長，最重要的關鍵還是天天照顧它的人。

身染簇葉病的八重櫻

在我任教大學的農場裡，有一棵珍貴的八重櫻，據說它是因為學術交流與日本交換來的櫻花樹，因此深具學術意義。然而，八重櫻並不喜歡高山的溼冷氣候，生長在這樣的環境下非常容易出現病害。

第一次見到它時，它早已飽受簇葉病害的摧殘，被人截去了主要枝幹，也就是說，它是一顆原本應該要廢棄的樹。

簇葉病是一種無藥可治的樹木病，類似人體的賀爾蒙失調，算是樹木的激素病變。在所有櫻花品種之中，就屬染井吉野最容易罹病，當農場周圍的染井吉野罹病時，八重櫻往往也難逃一劫，容易透過胞子飄散而受到感染。

一旦感染簇葉病，負責掌控呼吸的葉子會無法控制氣孔的關閉，致使葉子無法保持適當溫度（如同人體的體溫失衡）。氣孔的蒸散作用也會受影響，更無法順暢進行光合作用，缺乏養分而導致萎縮枯死。這時無論噴灑任何農藥、甚至肥料都無濟於事，最快速且確實的應對法，便是採用物理修剪方式，以減少枝葉上胞子的增殖、飛散。

我深信這棵八重櫻過去十年來便處於重症之下，所以最後不得不選擇伐除，僅殘留眼前的主幹頭。即使八重櫻遭到伐除，體內殘留的養分還是得釋放出來，因此會長出不定根、枝或二代木（指母樹衰弱後自樹幹基部生長出新的枝條），若不及時將根系引導回土壤內，也會因為養分不足而慢慢衰弱。

在我看來，櫻花樹與其他樹種最大的差別，在於櫻花樹具有偉大的母愛。當櫻花樹的主幹被砍伐或切除時，只要還殘留那麼一點點的枝幹，便可以被回收做為養分，用以製造不定根，孕育之後的二代木；非常具有犧牲小我，完成大我的精神。

因此，八重櫻二代木的導根作業迫在眉睫。導根至土壤內並不是一件容易的事，一來必須掌握根系的生長狀況，二來還需評估樹木的生理狀況是否承受得了導根所帶來的額外負擔。

進行了整體的健康診斷、土壤調查後，我們開始準備二代木生存所需要的土壤調整資材，接著展開根系引導作業。參與者除了有實習課的學生之外，還有農場園藝的管理者。

這棵八重櫻自過去便受到農場原住民大哥的愛心養護，大哥與它早已建立起深厚的感情。在決定開挖治療時，周遭便出現了許多反對的聲音，但在我聽來，這些聲音全都出於對八重櫻的擔憂與不捨。儘管我心中對治療也有諸多顧慮，但這棵八重櫻等待我已久，想必早已拿出決心，進入備戰狀態。

進退兩難的導根作業

這天清晨，我在霧氣瀰漫的步道上朝八重櫻走去。環繞樹身一圈後，我拍拍八重櫻，「今天就要導根了，一定要加油喔！」

由於前晚下了場大雨，一大早的空氣溼度非常高，正好適合進行導根作業——簡直就像是為八重櫻精心準備好的加護病房。我踩著沉重步伐，腦海中反覆演練著治療的每個環節，深怕一個不小心鑄成大錯。

進行開挖之前，首先要將母樹的腐爛部位翻開，尋找不定根。許多不定根都斷了，無法持續吸收養分。

管理大哥突然著急地對我說：「等等，這樣貿然翻開，根系必會受損。依照我的經驗，這樣的作法不適當，八重櫻會有危險！」

為了緩和現場的氣氛，我接受他的意見，暫停了手邊的作業。

「當下開挖確實有可能傷及八重櫻，然而，受傷的根系尚可補救，但若不盡快導根，根系會逐漸萎縮，最終就是面臨枯死的命運。」我耐著性子向大哥分析當中的利弊得失，「在如此兩難的情況下，我們需要的是相信樹木及相信自己的力量！」

「八重櫻別怕！現在傷害了妳寶貴的細根，日後我會加倍補償。請務必忍耐，度過這一關！」我在心裡向八重櫻喊話。

經過兩天的導根作業，將健全的根系導向地面，也清除了衰弱的根系，帶著戰戰兢兢的心情熬過兩天的作業時間後，大夥兒總算如釋重負。

導根之後，還需經過一年的觀察期，這就像是人類接受了器官移植，還得於術後仔細確認適應情形，絲毫不可掉以輕心。

導根作業結束後，我不時會回到八重櫻的現場，關心它的生長情形。一天早晨，我遠遠便看見管理的大哥繞著八重櫻澆水、細心呵護著。我於是走上前去跟大哥寒暄。

「從我年輕到這裡工作開始，這棵樹就一直陪伴著我，如今我也準備要退休了。」大哥萬般不捨的說。

八重櫻自小樹到大樹、盛開到病害、伐除，這段歷史都記錄著大哥在農場裡的點點滴滴。自導根後，大哥每天都掛心著八重櫻的恢復情形。

「老師，我每天都會來這裡澆水，摸摸它，跟它說話，看著它一天天的好轉。即使退休後，我還是會常常來看它。真的謝謝妳！」

大哥離去後，我獨自面對八重櫻想著，年復一年，八重櫻總是那麼賣力地開花，記錄著多少人的回憶，也帶給人無數感動。這裡有許許多多人，都像這位大哥一樣期待著八重櫻的康復！

臺大梅峰農場的牡丹櫻經過植栽基盤及土壤改良後，替代母樹成長的第二代牡丹櫻。

為確保牡丹櫻的不定根能健全生長，我們展開土壤及植栽基盤調整，提供二代木完整的生長環境。

治療與守護

一年後，為了確認根系的生長情形，我再度進行開挖作業。結果，根系成功的導入地層，樹冠枝葉展開，茂密生長！

眾人為此欣喜不已，我對大家說：「樹木醫只是一個推手，真正照顧它的人是這位大哥，若無他的細心養護，我的治療也起不了多少作用。我要代替八重櫻向大哥說聲謝謝，他是八重櫻能順利重生的幕後大功臣！」

與八重櫻的告別之日終於接近倒數。導根成功之後，接著就是將植栽基盤進行最後的整頓。

這一天，我與農場同仁、學生忙著在八重櫻腳下種植杜鵑，美化整體環境。臨去前，我輕聲對八重櫻說：「我不會再來看你了，請一定要生長茁壯。我若再來看你，一定是你生病的時候，我真心希望這一天永遠都不要到來。」

我低著頭往山下走，想著這段期間為了開挖治療與大哥的爭執。身為樹木醫，可以看見最愛它的人為了治療，捲起袖口捍衛到底，堅信自己的方式而不妥協。這些行為在外人看來像是對專業的不信任，但於我而言，卻是對樹木最純真且濃厚的愛。

我感動這棵八重櫻有如此愛它、守護它的一群人！

樹木小知識

導根

櫻花、欅木等樹種的部分根系會鑽出土表，伸展到樹幹內部的空洞，甚至到達地面，這些根系即為不定根，又稱做二次根。導根便是將這些不定根以人為的方式誘導回土裡，用來替代原本的枝幹、根系，做為新的吸收根。

4

日有所思，夜有所夢

遠道而來的櫸木

某年夏天，我受私人機構請託，擔任某處建案的植栽顧問，前往勘查一棵櫸木。這棵壯年的櫸木來自中南部的苗圃，被安排入住在臺北市的繁華地段。

斷了腳的大樹

建案正如火如荼的進行趕工，因此並未考慮到櫸木的移植適期，強行種植在此——從樹木的生理觀點來看，這會對櫸木造成非常大的壓力。

樹木移植也就是斷根、重新養根的概念，移植到新的生長環境後，根系是否能適應、細根是否充足，在在決定了移植後的生死存亡。

一般而言，預備移植樹木時，應於一年前先從苗圃挖出並進行斷根，經過一整個夏天的養生，確保細根成功生長後，再於隔年春天進行移植。如此才能提升樹木適應新環境的能力。

這棵櫸木的養生期間過短，細根尚處於養成階段。眼前正要進入夏季——也就是進入發根階段，櫸木如果能順利度過這個夏天，代表根系成功抓穩大地，想必日後便能在此生根茁壯。

對這棵移植樹而言，這個夏季將會是一個重要的關鍵。

七月的某一天，原本晴朗無風的氣候在午後起了很大的變化，我在會議室內緊盯窗外的氣候變化，只見風勢及雨勢不斷增強，不久後便宣布下午放颱風假。聽到消息的瞬間，我的腦海中閃現了這棵櫸樹的身影，大櫸樹是今年四月種植的，根系尚未發展穩固，不知是否能安全度過此次颱風……

儘管內心牽掛不已，我也只能耐心地等候、為它祈禱。

狂風暴雨的夜晚，也許是日有所思，夜有所夢吧！我的夢裡出現了一個畫面，模糊中彷彿看見一個斷了腳的孩子，拖著腳，一跛一跛的走著。

我從睡夢中驚醒，望著窗外尚未天明的景色，反覆思考夢中的景象直到天亮。風雨趨緩時，我接到了來自工地的緊急電話：「老師！怎麼辦，昨晚的風雨將櫸木吹倒了！」

「糟糕！」我心中吶喊。我立即取消接下來的會議，趕赴現場處理。

剛種植的大樹很需要支柱，才能抵抗強風拉扯新根。長出來的新根一旦被扯斷，便很難有足夠的能量再次發根，甚至可能因此漸漸枯死。

一到現場，只見櫸木有如斷了腳踝般倒伏在地，這樣的倒伏、拉扯，對櫸木而言是非常致命的。尤其是側根的細根，全是四月種植之後好不容易長出來的，如今在生長途中被硬生生扯斷，讓人愈看愈不捨。

我與工地主任靜靜望著機具將櫸木緩慢扶起，兩人都像是失去了目標一般，一臉茫然與無奈……面對混亂的現場，只能振作起精神，重新整頓植栽基盤、調整土壤，讓櫸木重新具備能量發根。

我拍拍扶起的櫸木，對它說：「加油！我們重新再來一次。」

我重新診斷土球邊的根系，了解斷落的情形；自四月種植後，根系已長出不少新根，新的細根宛如新生嬰兒般脆弱。檢視過後，遭受拉扯的細根為數不少，除了樹體受到很大的傷害外，也導致樹體的支持力變得非常微弱。

為了重新發根，需要再次調整土壤內部的空氣比例，我們於是立即展開調配土壤的工作。為了避免根系暴露在空氣中而乾枯，必須在最短的時間內完成作業，一陣兵荒馬亂之後，一行人迅速確實的完成了扶正、覆土、種植、踩踏、灌水等程序，只希望能挽回櫸樹的性命。

能做的都做了，剩下的就只能靠櫸樹自己的努力了！

進入休眠的櫸木

為了確保櫸木的恢復，我們每個月都會留意櫸木的恢復狀態——扶正後重新種植的第一個月尤其關鍵。盛夏是枝葉能量消耗最旺盛的時期，根系若無法負擔龐大的能量需求，就會開始萎縮，甚至枯死。只見櫸木彷彿受到了驚嚇一般，展葉及枝條伸展都變得緩慢，出現了生長停滯的趨勢。一見此景，我總算鬆了口氣，放下心中滿滿的擔憂。

盛夏本是樹木開枝散葉的時候，櫸木之所以會在此時停止生長，是因為樹體回收了綠葉的養分，導致落葉，這同時也代表櫸木的生理已重新啟動，安然度過危機了！等到隔年春天到來便會再度展葉，展開新年度的工作。

事隔半年，春天悄悄來臨，現場的管理人員向我回報了喜訊：現場發現長著新綠的枝條，展開的新葉比原先的都要來得大且綠。櫸樹不僅僅恢復了健康，還更加茁壯！

我重新回到現場，看著櫸樹重獲新生，長得非常茂盛。「原來當時夢中出現的就是你！」我站在樹下想著。

做為行道樹的櫸木

櫸木別名紅雞油，為落葉喬木，我們不難在山谷內或溪畔欣賞到它們的姿態；櫸木同時也是做為水土保持重要的樹種。

過去的日本因建材需求增高，於德川幕府時代開始獎勵種植櫸樹，並廣泛造林於鄉里、城內，至今還保存了不少巨大且高齡的櫸樹。

日本在戰後大量採用櫸木做為行道樹或公園內的植栽樹種，但其落葉、落枝也造成了許多的困擾。

櫸木被人認知為尊貴、擁有豪邁氣勢的樹木，猶如森林內的王者。這類樹種喜好寬廣的空間，深厚的土層可讓根系自由的伸展，若因認知錯誤而將其植於空間受限的庭院內，反而會因此衍生許多的環境問題。換句話說，櫸木絕對不適合做為一般庭院樹種。

櫸樹生長迅速，做為行道樹時，落葉時期的大量落葉便會嚴重影響道路環境；櫸木樹高可達十五米以上，若栽植在過於靠近建築物的地方，也容易破壞建築物本體。一旦選擇種植櫸樹，應盡可能於每年進行定期修剪並控制樹型，若放任不管，就會持續不斷的往上生長，導致樹冠過大而難於修剪。

狹隘的都市環境能提供櫸木的生長空間也非常有限，這幾年來，日本戰後種植的櫸木面臨了高齡化，平均樹齡超過六十歲，甚至也有接近百歲的，帶來了許多的環境問題。廣植櫸樹的東京表參道也因此出現道路安全危機——例如行人遭櫸樹掉落的枯枝砸中受傷，這也帶給有關單位警訊，進而推動行道樹的腐朽診斷調查。

一般來說，健康的樹木若非遇到強風吹折，是很難斷裂掉落的。掉落下來的枯枝通常都經過一段時間的腐朽，最終自然枯損掉落——這是樹木本身所具備的再生機制，為新陳代謝的自然過程。

為了推動行道樹的腐朽，各地的行政單位開始委託樹木醫介入，並導入樹幹腐朽調查等機器，以確實掌握樹幹、枝條的健全度。

樹木出現異常時，首先可以在樹幹處觀察到子實體的繁殖。如果發現樹幹長出了外形如香菇般的子實體，便可確定樹幹內部或枝條已出現腐朽的情形，須立即採取移除措施。

為什麼櫸樹特別容易出現腐朽、枯枝呢？

這是因為櫸樹生長快速，需要經常修剪管理。修剪管理失當、切口的錯誤及傷口的形成，都會促進腐朽的進展。再者，櫸木根系為水平淺根，又種植於空間受限的植栽穴內，頭重腳輕也是導致櫸木傾倒的最大因素。

所謂的生態系，並不僅僅聚焦於單一種生物，更是涵蓋了周邊的生物、空氣、土壤、水等整體環境。正如森林生態系也不單單只有樹木，草、蟲類、鳥獸，甚至菌類，一直到現場的地形、地質、氣候等也必須考量在內。

近幾年，我們開始在都市內部導入生物多樣性的概念，希望能打造出多樣且豐富的景觀。儘管行道樹並非完全的森林生態系統，但也構築了昆蟲、鳥類、樹冠的整體生態系。行道樹不僅提供景觀上的美化，更是人與生物共生的空間，造就了一個小而豐富的都市生態體系。

樹木小知識

子實體

菌類為了構成孢子，會形成稱做子實體的複合性構造。一般常見的香菇或菇菌類，便是菌類的子實體。

梅雨季節時，樹木醫不難從樹幹察覺樹木的異常——也就是木材腐朽菌的子實體。將這些子實體放在顯微鏡下觀察，可發現許多菌絲，這些菌絲遇水便能發芽，靠吸食樹木的組織成長並散布孢子，不斷移動到其他樹木上。故當發現子實體時，可據此判斷樹幹已出現腐朽。

5

公園內的老流蘇

記憶中飄著白花的樹

我是出身於鄉下的孩子，自高中北上讀書後，就特別喜歡到二二八公園走動。我與同學的許多合影中，都少不了二二八公園的景色。其中最令我印象深刻的，除了位於中庭的噴水池外，就是四處乞食的鴿子了。

這段記憶中，並沒有任何樹木留在腦海中，只依稀記得，每年四月總會有不知名的樹像雪花般盛開。當時的我並沒有去深究這棵樹的名字，直到認識了日本的流蘇樹我才知道，這是一種非常珍貴且深具含意的樹木。

對我而言，第一次深入了解流蘇樹，是在東京大學校園內的三四郎池邊。

公主的流蘇花

日本的流蘇樹原生地位於長崎縣、愛知縣地區。這幾年在近畿地區發現了二十萬年前被泥炭化的流蘇樹，說明了當時流蘇樹繁茂生長的情景。

流蘇樹的生長極為緩慢，要能夠長成十五到三十公尺的大樹，需要經過非常漫長的歲月，即使超過十歲的樹齡也常有不開花的情形。也因為生長緩慢，常可見生長超過百年、甚至千年的流蘇樹。每年春天，小花如同白雪般的綻放，還不時散發出香甜的氣味。

全世界約有八十種流蘇樹。木樨科流蘇樹屬的落葉喬木主要分布於熱帶或亞熱帶地區，因此，對位處溫帶的日本而言，流蘇樹可說是分布範圍狹小、十分珍奇的樹種。

據說，日本的第一棵流蘇樹是江戶時期（一八六〇年）的植物學者——水谷豐文——於愛知縣犬山附近發現的，在此之後，水谷豐文採集流蘇樹的苗木育種，種植於東京的明治神宮外苑。到了一九二四年，這棵已接近百歲的樹被日本政府指定為天然紀念物，然最終不幸於一九三三年枯死。

枯死當年，任教於帝國大學的白井光太郎教授深感這棵流蘇樹的珍貴，於是採用嫁接法試圖保存其二代木，並於一九三四年培育於明治神宮外苑的苗圃，可惜這棵二代木最終仍在二〇一四年枯死。目前，園內的第三代木是於二〇一六年重新植入的。

當時，白井光太郎教授為了學術研究，將二代木分株並種植於東京大學的三四郎池邊。這棵來自愛知縣犬山的流蘇樹就這樣被保留於東大校園內，如今推算樹齡也將近八十歲了。

我們不難從過去的日本文化及歷史中，窺見日本人對流蘇樹的重視。

在日本，流蘇樹自古以來便有許多的傳說，據說在平安時代（一〇五三年），當時的國師曾帶著病弱的公主前往京都，行經釜戶時，正好碰上流蘇樹開花的盛景，一行人為之驚艷。公主自鄉里人處得知，山上一個稱為大湫的地區，還有開得更為茂盛的流蘇樹，於是執意前去一睹流蘇樹的風采。

眾人於是改變了行程，帶著公主前往大湫地區觀賞流蘇花。到達大湫，流蘇花盛大滿開的迎接著眾人，讓公主感到非常的高興，山里的村民於是將開滿純白花朵的枝條送給了公主。

令人遺憾的是，隔天的夜晚，公主便抱著流蘇花離開了人世，結束她短暫的一生。自此以後，村民便以流蘇花供養、追思這位深愛流蘇花的公主。

來自流蘇樹的召喚

相較於日本，流蘇樹在臺灣卻是極為常見的樹種，流蘇樹在北臺灣生長得尤其繁茂，臺大校園及公園都可見到許多老流蘇樹的蹤影。

在一次偶然的機緣下，我回到臺灣進行樹木調查。行經二二八公園時，我被耀眼的白色花叢吸引，忍不住走上前仔細欣賞。

二二八和平紀念公園興建於一八九九年，自日據時期開始被稱做臺北新公園，並種植許多的熱帶樹種，這棵老流蘇樹想必是日據時期種下的吧！當時的二二八公園面積很小，還保留了清朝時期所建的天后宮，直到半世紀後大興土木，才有了今日的規模。

流蘇樹最大的特色莫過於雌雄異株及兩性異花（同時開雄花與雌花），在分類學上較難分辨。此外，流蘇樹害怕孤單寂寞，不論雌雄，最好找個伴一起種植以促進開花生長。

這幾年，在多次機緣下又再度經過公園與流蘇樹擦身而過。當腳步停留在流蘇樹前，抬頭望著整體樹形，頓時發現樹冠出現了許多枯枝。「歷經了半世紀以上的歲月，土壤也明顯惡化，看來老流蘇的植栽空間遇到瓶頸了！」我心想。

我只能在心中祈禱，希望公園單位能查覺到它的狀況，施以幫助。

就這樣心心念念，掛心著老流蘇樹的半年後，我收到在公園單位任職的學生聯絡。電話那頭說著：「管理區內的流蘇樹開花不如預期，開始出現衰弱趨勢，不知如何處置是好？」

聽聞此言，老流蘇樹的身影再度浮現眼前。

我向學生說明，老流蘇樹的植栽環境出現問題，根系伸展已經到了極限；除此之外，歷經了半世紀的歲月，土壤明顯硬化。也就是說，土壤、土質及生長空間都出現了問題。儘管流蘇樹是可以生長達百年、甚至千年的樹種，但是面對目前的植栽基盤，恐怕想超過百年都會是很大問題。

臺北二二八公園內流蘇樹植栽基盤的開挖整頓。

土壤改良覆土後進行灌水作業。

學生的委託懇求，也許就是來自老流蘇樹的求助訊號吧！於是我等待休眠時期，進行勘查與植栽基盤處理。

展開診療作業

一般落葉樹種——如櫻花——需趁休眠期間動土開挖，才能減少人為介入造成的壓力。流蘇樹也是落葉樹種，再加上已屆高齡及狀況危急，勢必得用循序漸進的方式慢慢調整。

第一次開挖的最大目的是把脈。所謂的樹木把脈，就是掌握根系伸展的方向及位置，以此做為調整土壤的依據。

另一方面，土層下方硬化如同水泥般，要如何誘導流蘇的根系上來表層土，又是另一個挑戰。我依據現場的開挖情形不斷的調整作業，在經過不斷的診斷分析與檢討、預測後，第一次的治療決定以誘導根系回到表層土為主。

經過數日的開挖及土壤改良後，剩下的只能靜待四月開花後再行判斷。

這個春天來得又遲又緩，我心中迫不及待地想確認流蘇樹的恢復狀態。若根系沒有順利被誘導上來，開花量必然會減少，葉量也會銳減。

治療老樹時，總是會出現許多無法預期的狀況，諸如樹木老化欠缺能量、根系無法立即適應土壤的翻動……所以更要沉住氣，預想所有可能會發生的狀況以及對策。

樹的意志

現場開挖及處置作業結束，參與的工作人員滿懷好奇的問我：「老師，您對於老流蘇樹的處置有幾分把握呢？」

「我並沒有萬全的把握，身為樹木醫，我頂多只能算是樹木的小護士，能減輕它的痛苦，卻無法改變它的命運。這棵老流蘇樹無法一口氣全面動土，必須花上三至五年的時間慢慢誘導、改善，大肆動土翻整會對這棵老樹帶來非常大的負擔。目前的治療處理，只是試圖改善它的生長空間，至於它究竟能恢復幾分，還必須仰賴接下來的氣候和適當的人為管理。其實，最重要的還是樹木本身所具備的潛力，它自己要願意活下來才行。」

語畢，工作人員上下打量這棵老流蘇樹，若有所思：「一直以來，我只覺得樹就是樹，不曾想過它也有生命，更沒意識到它與我們共生。過去面對樹木，出了問題就是施肥、灌藥，不曾想到根系的生長狀況，更不曾想過開挖翻土。藉由這次的機會，我對樹木的生命有了更不一樣的體會，這比課堂上的生物課有趣多了！從今天起，我會不時來探望這棵老流蘇樹的。」

事隔近半年，我在飄著毛毛細雨的某天收到流蘇盛開的訊息。我無暇顧及天空正飄著細雨，急忙趕往公園現場。

到了現場，我遠遠望著老流蘇樹盛開的情景，一時間竟有說不出來的感動！我走上前去，從各個角度觀察老樹的開花狀態、比對根系恢復的情形，接著跨入養生圍籬內，手持小鏟子仔仔細細、小心翼翼的撥開表層的根系，看著一條條粉嫩的細根被確實引導至土壤表層，我充分感受到流蘇樹給我的回應。

樹木就是這樣忠實的回應我對它的善意，沒有任何背叛。我在老流蘇樹下對它說：「等你開完花，我們就要進入第二階段了！前方還有漫漫長路，請你要加油、忍耐，並且相信我。」

治療樹木須考慮樹木在不同季節的生理狀況，能真正著手治療的時間也因此受到很大限制；樹木的治療，往往都是以「年」做為基準。跟樹木比起來，我一生所擁有的四季也只有僅僅數十回，如此算起來，能治療樹木的時間就更加有限了。因此，我非常珍惜經手治療的每一棵樹！參與老流蘇的治療作業，也許是冥冥之中註定的緣分，又或許是來自老流蘇的召喚吧！

植栽基盤及土壤改良半年後，盛放的流蘇花。

樹木小知識

休眠期開挖的理由

落葉樹種會在冬季落葉並進入休眠狀態。休眠期間，根系會停止活動，於此時期移植、開挖可降低對樹木的負擔。因此，若要進行落葉樹的移植，應盡可能挑選在冬季休眠期間進行，春天展葉時移植會影響根系發展，阻礙樹木生長。

6

吶喊的櫻花樹

放手也是一種治療

近年來，櫻花植栽在臺灣形成了一股熱潮，可惜也常常因為種植不當而陸續出現枯損狀況。

認識櫻花樹

一般人對櫻花樹的認知有限，僅知道櫻花樹喜歡足夠的日照，事實上，除了日照需求外，櫻花樹非常忌諱過度的乾燥或溼潤，因此，種植櫻花樹需要適度的水分及排水良好的砂質土壤。

此外，土壤也是確保櫻花樹永續生長的重要關鍵。櫻花樹偏好排水良好且通氣的土壤環境，櫻花樹的根系屬於淺根性質，一旦土壤硬化，根系的呼吸作用便會受阻，進而導致根系生長不良，甚至出現根系腐朽等問題。

過去有句諺語說「修剪櫻花的是笨蛋，不剪梅花的是笨蛋」，說明了櫻花樹對修剪的承受力非常弱，修剪的切口也容易感染菌類進而腐爛。不過，這並不是說櫻花樹完全不能修剪，而是修剪時應著重於剪除病害枝、亂枝等不良枝條即可；若是修剪較粗的枝條，則需塗抹癒合劑以避免菌類入侵。

多數品種的櫻花樹忌諱潮風（水氣重的風）、強風。若已選在合適的地點種植卻仍舊無法健全生長，就必須考量本身是否出現「厭地」的現象，避免枯損後反覆無意義的重植新樹。

除了種植須注意的重點外，櫻花樹也是屬於病害較多的樹種，常見的主要病害約有四十種。依據櫻花樹品種的不同，會發生的病蟲害也大不相同，一棵樹平均會出現約二至三種不同類的病害。臺灣平地的櫻花樹常見的病蟲害莫過於介殼蟲病，每到春末夏初時，很容易在枝葉上出現白色介殼蟲寄生，或因蚜蟲而導致葉子變形等等。

櫻花樹的主要害蟲多為食葉性，偶爾也會因害蟲啃食木質部而出現流膠現象。這類幼蟲產卵於樹皮之間的間隙，於孵化後啃食形成層內部的活組織。

瀕危的阿里山櫻花

在櫻花樹眾多病害之中，簇葉病依舊是最為棘手的病害。

在臺灣，阿里山一直是大眾矚目的賞櫻勝地。日據時期，日本政府為了開發森林鋪設了森林鐵道，並在鐵道周邊等處種植櫻花樹，以慰駐留人員的思鄉之情。除了染井吉野、山櫻花、八重櫻等，還種植了各式各樣的品種。阿里山的染井吉野如今已接近高齡，比起東京染井吉野予人的都市印象，生長於高山環境的染井吉野，更顯與眾不同的氣質。

出身東京的染井吉野喜歡溫帶乾冷的氣候，一旦被種植在潮溼、霧氣重的環境中，除了生長緩慢以外，也容易罹患簇葉病。簇葉病在日本又被稱為天狗巢病，早在一百多年前，此病害就曾被記錄在日本樹病治療的古籍中。

日本身為賞櫻國度，自然無法容忍簇葉病帶給櫻花的傷害，然而，儘管嘗試了各種治療方法，卻始終無法找到最適當的處理方式。樹木受到簇葉病感染時，枝葉會變形，出現如掃帚般雜亂的外形，並影響開花，嚴重時整棵樹都會逐漸衰弱、枯萎。目前為止還找不到任何藥物可以控制簇葉病，唯一的對策只有將病枝剪除，長期抗戰。簇葉病雖已出現百年有餘，各方專家卻始終束手無策，至今仍想方設法研發可控制病勢的藥物。

我接受嘉義林管處的邀請，一同進入阿里山勘查櫻花樹。走近百年歲月的染井吉野，我看見它們身上寫滿了努力適應環境所留下的痕跡。

過去幾年來，染井吉野因簇葉病的影響而衰弱後，林管處曾嘗試噴藥進行處置，卻絲毫未見改善——面對樹木衰弱病害，我們常常都會在第一時間考慮噴藥、施肥等做法。

阿里山的染井吉野櫻長期受到簇葉病的影響，出現慘不忍睹的樹型及枝條變形。再加上過去面對樹幹腐朽多以碳化燒烤等方式處置，也漸漸影響到樹木的整體健康。

我站在這幾棵老櫻花樹前，靜靜體會它們過去所經歷的一切。簇葉病已侵蝕霸佔了整個樹體，我對它們說：「你們是簇葉病的帶原者，為了保全其他的櫻花樹，我必須選擇伐除你們。」

這些老樹已屆高齡，即使勉強治療也只是徒增痛苦，也讓我更加不捨。

一同前來的飯店管理者問我：「飯店向來為著名的賞櫻勝地，若選擇伐除，形象勢必會受到損害。難道沒有任何的治療方法嗎？」

「確實沒有，也來不及了。簇葉病已發展成重症，又已屆高齡。自日據時期推算起來，這些老樹已將近一百二十歲，就算勉強治療，也只剩下幾年的壽命，何必再增加老櫻花樹的痛苦？我想老櫻花樹也不願意成為病菌的傳播者，害更多的櫻花樹罹病。」

老櫻花的遺愛

儘管櫻花樹無法言語，但觀察樹體的變化、生長的狀況，它本身的想法早已

阿里山染井吉野櫻土壤調查。因吉野櫻的生長土壤出現硬化，物理、化學條件不具足，為掌握土壤狀況進行土壤篩檢分析，以便日後調配適合生長的土壤。

完完全全的呈現出來。重症之下，它只想保留下一代。我們勉強治療的目的又是什麼？若這個目的不明確，何不選擇尊重自然，順應自然？

老櫻花樹面對人為的碳化燒烤仍堅持保留著一口氣，只是為了把體內僅剩的養分輸送至腳下的小苗，留下第二代。而我，就像是個死刑宣判者，不得不替老櫻花樹完成遺願。

櫻花樹是非常無私且具強大母愛的樹種，當樹幹內部出現腐朽時，腐爛碎木所殘存的養分便可用來供應不定根生長所需的養分，自己養自己，培養之後的第二代。一旦腐朽的部位遭到燒烤碳化，不定根便無法順利生長，想必此刻的老櫻花樹也非常心急。

「即使伐除老櫻花的樹體，也一定要重新培育第二代小苗，讓它可以代代相傳。這是一個殘酷的抉擇，卻也是老櫻花樹美麗的遺愛。」看著殘缺不全的老櫻花樹，我在心中下了這樣的決定。

除了面臨簇葉病害及錯誤的腐朽治療，阿里山櫻花最大的危機仍來自於整體植栽基盤已失去機能，無法提供櫻花樹所需的養分及水分。

很多人以為阿里山是自然的環境，事實上，隨著阿里山的開發，被視為自然的植栽基盤其實一點都不自然，不但混入部分人工基盤，甚至填充了水泥，這都會影響到植栽根系的生長。

團隊進入阿里山進行櫻花樹的土壤調查後發現，原本屬於砂岩系特質的母岩，因為過去的反覆開發，使用廢棄土壤、磚塊來填土而導致土壤基盤惡化，填土的壓實更讓原本蓬鬆的土壤變得有如水泥般硬實。再者，除了部分地勢排水良好之外，深陷的窪地區域卻嚴重缺乏排水機能。早年所種植的櫻花樹因高齡化而漸漸出現衰頹的趨勢；近年新植的櫻花樹不是沒有整地，就是沒考慮排水，甚至過度施用肥料而出現土壤鹼化。

這就有如閱讀了阿里山過去以來的種植紀錄一般，可惜的是，我們並沒有隨著文明的發展而提升種植技術，反而是另人乍舌的倒退。面對累積多年的植栽不良，具備優勢基因的櫻花樹尚可越過障礙，而基因不良者便只能垂死掙扎了。

樹木醫的工作是拿著醫護箱到處診斷樹木，面對已經無法治療的樹木，卻也只能忍痛宣判安樂死。

在日本樹木醫的訓練考試中，樹木醫的道德觀也佔有一定的比例，面對已回天乏術或治療後僅剩下幾年光景的樹木，是否該選擇放棄治療，將經費轉而用來培育小苗，也考驗著樹木醫的良心與智慧。

阿里山櫻花的復育有如燙手山芋，沒有專家願意冒險治療，身為樹木醫，我也僅能竭力提供完善的診治。我衷心期盼阿里山的櫻花樹能等到全面整治的一天，延續臺灣人的回憶與驕傲。

樹木小知識

簇葉病

簇葉病為一種病菌，會隨著風或雨水飄散傳播，樹木一旦遭到感染便會出現內分泌失調、葉子萎縮等情形，導致葉子背後的氣孔無法自動開關，更無法順暢的進行光合作用。葉子的氣孔猶如人體的毛孔，具有調節溫度的生理功能，一旦溫度失調，樹體就容易衰弱。

我們若在不知情的情況下採用噴藥的方式治療樹木，反而會將葉子的氣孔堵住，讓葉子更加無法順暢的進行呼吸作用及光合作用，導致喪失養分吸收能力的樹木承受更大的壓力。

7

滿載孝心的庭院

認養與親情

「老師，可不可以幫我看一下我替客人種的樹！樹木的狀況不好，我不知道該如何是好！」過去教過的學生著急的向我求救，「這些樹大多是人家不要的，是撿回來的孤兒。」

對我而言，救樹有輕重緩急之分，並非所有的樹木都必須插手治療。然而，面對學生不斷的懇求，我的心開始產生動搖。樹木孤兒一旦被拋棄，通常都會選擇自暴自棄，難以習慣適應新的環境。我覺得自己有必要去關心一下這些孤兒的生長狀況。

樹木孤兒

當我來到學生提到的園子，主人見到我的第一句話便說：「我天天用心看顧它們，四處請教專家，尋求各種方法，怎麼一直都好不起來？這裡有很多樹都是人家不要的，看它們實在很可憐，所以才特地撿回來自己照顧，但是我不懂得怎麼照顧，最後反而害了這些樹。」

「不懂樹木，就不要種它。如果要照顧它，請從今天開始多多跟樹溝通，用心理解它們。」

走在園子內，眼前盡是衰弱到無法適應新環境的樹木；這裡的生長環境有如沙漠一般，土壤內沒有任何微生物及生態。樹木的葉子已開始出現黃化，可以想見即使已移植了一季，細根也尚未伸展、適應環境。

再這樣下去，樹木將持續枯萎，勢必得採取行動才行。

「沒有給樹木生存的空間，怎麼能期望它們有生長能力？其實，樹木要能健康的生長，所需要的莫過於日照、水、土壤，以及空氣。我們常常忽視土壤的重要性，也沒有排水的概念，一旦下雨積水，根系被迫泡在水裡，最後便會腐爛枯萎。」我對園子主人說。

「另外，有些人誤以為土壤愈多愈好，結果埋得太深，導致根系無法呼吸而生長不良。植栽基盤及環境的調整都同樣重要，創造一個具備生態、微生物，會呼吸的土壤，如此一來，根系與微生物才能連結為一個生態系統。」

「我嘗試過很多方法，卻總像是無頭蒼蠅一樣，尋求不到正確的方法。眼前這些樹也都開挖多次，能試的方法、能用的資材都用了。所有的嘗試都有如曇花一現，看似有起作用，卻又很快失效。這樣反反覆覆的驚擾樹木多次，相信樹木也消耗了不少體力。究竟這些樹木還有希望嗎？」

我望著幾棵新來的羅漢松暗自感嘆，羅漢松本應是威嚴、強健的樹，卻因為環境的不良，根系生長明顯受阻，變得像是戰敗的兵士，傷痕累累。

「這是一個缺乏生命力的植栽環境。就算使用再多肥料、養分，樹木也無法確實吸收。」我耐心地向園子主人解釋。「當務之急是先將生長空間進行全面性的調整，三個月後，樹木便會適應新環境，半年後就能開始生長旺盛了。經過幾年的處置，幫助這幾棵樹適應環境，以後它們就能自己養自己，不需要特別施用肥料了。」

主人很驚訝，「真的有希望嗎？這段時間，這些樹也與我建立了深厚的感情，我衷心期盼它們能夠重新健康起來！」

由於即將進入梅雨季，羅漢松的動土勢必得盡早開始。首先得先評估現場的植栽基盤狀況，接著再開挖調整根系，進行土壤改良。

開挖羅漢松的植栽基盤時，根系的枯損歷歷在目，顯見種植之前的斷根準備期不夠充足，才會導致根系無法如期伸展。縱使老根的切口附近長出了新根系，卻又因為適應不良而再度枯損。

看來，這一棵樹來到新環境後，許多根系來不及適應新的土壤環境便被迫萎縮，地上部分的生長活動也因此停止。開挖的過程有如回顧了羅漢松過去所遭受過的一切苦難。

裸露的根系非常脆弱，不但需要持續保溼，動作也要盡可能的加快，整個開挖的過程都必須非常慎重。

為愛而生、生生不息

開挖過後三個月，我再度回到現場，這些樹木開始適應新的環境，持續旺盛的生長。

「我天天與這些樹溝通，看著它們日日變好，真的非常開心！」主人滿心歡喜的對我說明這些樹木的近況，接著話鋒一轉：「其實，我之所以會建造這個園子，是希望能讓年邁的父母在這裡自在地走動、散步。」

主人對父母的孝心轉化成對這些樹木的期許，這些樹群也在無意間成為主人生活裡的一部分。看著主人年邁的父親坐在輪椅上，由傭人推著四處欣賞樹群，聆聽風聲、鳥鳴，這樣的孝心讓我不由得想起父親對我的期許，我卻只能徒留遺憾與悔恨。這樣的感同身受也讓我更迫切的想幫忙完成這個園子。

然而，種植樹木如同養育小孩一樣需要時間，急不得。完成了初期的治療，接下來的便是植栽基盤及土壤環境的調整，若要以生態配植（利用植物本身的特殊機能，改良土壤生態環境）為目標，則至少要花上二到五年的時間。

我開始著手第二階段的自然生態規畫，為了避免動土，我選擇以配植方式調整土壤植栽環境。

我再度前往現場勘查，向園子主人說明所需的步驟及時間。

「日後園子完成了，就算父親已不在，園內的樹木、步道也一定會帶領父親找到回家的路。」看著日趨完善的圈子，主人帶著期待的心情說。

離開前，我望著主人父親的背影想著：「請再給樹木一點時間，我一定會盡快完成的。」

遺憾的是，短短的二十四小時之後，主人的父親便安詳的離世了，這樣的心願再也來不及實現了。

我帶著無比遺憾的心情站在靈堂前，心中滿懷歉意。我多麼希望能讓主人的父親目睹園子最完美的狀態，哪怕只能留下一瞬間的感動，也不負這些樹木的努力了。

隨著植栽環境的調整，園子內的樹木開始健全的生長，寄託著主人孝心的同時，也帶來了生生不息的綠意。

樹木小知識

斷根準備期

樹木吸收水分及養分，主要是依靠根系先端的「細根」，愈大的樹，根系伸展愈廣，細根離樹幹也愈遠。

當考慮開挖移植大樹時，細根免不了會面臨被切除的命運，樹木一旦失去細根，便容易慢慢枯損衰弱，嚴重時甚至會因此枯死。

計畫移植樹木至新的植栽地時，為了使樹木盡快適應新的生長環境，會用人工將根系預先切除——即所謂的斷根，自傷口部分促進新根生長，新的根系便能在新環境立即展開，吸收養分、水分，儘快適應新環境。如此一來，即使在移植過程中失去細根，仍可靠著之後長出來的新根吸收水分及養分，降低枯損風險。

8

巨樟

屹立不倒的精神象徵

樟樹主要分布於亞洲氣候溫暖的地區，是樹高可達三十公尺的常綠樹種。樟樹為長壽樹種，在日本，超過一定樹齡的樟樹會被列為象徵樹，甚至視為神木祭拜。西日本地區如四國、大阪等地向來將老樟樹視為鎮守森林的代表樹木，最為人所熟知的動畫——〈龍貓〉，當中的龍貓便是居住在樟樹巨木中。

戰火下的精神支柱

除了被視為精神象徵，樟樹也留下不少令人不捨的故事。十七世紀初期，日本長崎市民興建山王神社，並於神社入口處植了兩棵樟樹，做為鎮守神社的大樹。當時移植的樟樹便已接近三百歲。

一九四五年，長崎市遭原子彈轟炸，老樟樹因距離原子彈爆發地不到一公里的距離而難逃波及，被炸得遍體鱗傷。

根據當時的文獻和紀錄片可知，原子彈轟炸時產生了秒速兩百二十公尺的瞬間爆風，強大的風壓夾帶著無數的碎石、磚塊、金屬，如飛刀一般嵌進樹體內，對樟樹造成了嚴重的損傷，樹洞內甚至因此堆積了不少石礫與磚塊。除此之外，爆炸時的瞬間高溫也讓老樟樹幾乎當場枯死。

然而，歷經核爆襲擊後的老樟樹非但沒有就此枯死，反而在兩年後冒出新芽，奇蹟似重生。在人民因戰爭頓失所依、深陷絕望之時，老樟樹的復活無疑是一劑強心針，給了人們重建生活的力量和勇氣，老樟樹也因此成為長崎市民重要的精神支柱。因著各方民眾的請願，神社委託樹木醫展開清除鐵片、碎石等治療活動；歷經了二十年的努力，總算讓老樟樹恢復戰前的偉岸姿態。

如今，這棵老樟樹已近五百歲高齡，見證了原子彈轟炸，跨越過無數的生存挑戰，至今始終屹立不搖。

樟樹公

樟樹的樹幹基部會釋放樟腦，抑制樟樹

挺過原爆威脅、見證歷史的樟樹。

以外的植物發芽、生長，我們將這類化合物的作用稱為「他感作用」。所謂的他感作用，就是樹木釋放代謝過程中的化學物質，對周遭的其他植物產生直接或間接的影響。春天時可見到泛紅的樟樹老葉掉落，隨落葉釋出的樟腦，便是樟樹宣示地盤的一種方式。

也因為如此，樟樹曾在日據時期成為經濟奪取下的受害者。

第一次世界大戰時，日本殖民政府開始大量砍伐樟樹，用以製造樟腦油。當時，臺灣生產的樟腦油佔了全世界產量的八成以上，是殖民政府的重要財源。樟腦油的含量隨著樹體大小、樹齡而不同，愈老、愈大的樟樹所含的樟腦油愈多，一棵大型的樟樹甚至可採集到四百至五百公斤以上的樟腦油；也因為如此，樟腦油的原料通常來自樹齡超過三十年、直徑至少一公尺的大樹，樹齡三十歲以下的樟樹，樟腦的含量則相對較少。

此外，隨著戰爭時期航空技術的發達，也會採取松油做為植物性燃料，甚至迫於戰爭需要，使用樟腦油做為特殊觸媒等，都大大增加了對樟腦油的需求。

基於上述種種原因，臺灣的樟樹在過去一百年來歷經了一場浩劫，在這場浩劫中倖存下來的老樟樹，可以說是非常珍貴。

南投信義鄉神木村有一棵超過千年的「樟樹公」，據鄉里長輩所言，日治時期採樟腦盛行時，這棵樟樹也差點面臨被砍掉的命運。當時的日本政府大量砍伐樟樹，當周圍的大樟樹皆被砍伐殆盡，只剩下這棵樟樹時，砍伐作業竟開始頻出狀況，凡是參與砍伐的工人都會因為某些狀況而無法作業……日本總督府的技師認為這棵樟樹必有其不凡之處，於是在大樟樹旁立下鳥居，做為神樹祭拜。

這棵樟樹公樹高超過四十米，被登錄為全世界最高的樟樹。它挺過了賀伯、桃芝等嚴重風災，和近年來的幾場暴雨，至今始終屹立不搖，已然成為神木村居民的精神支柱。

藉影片傳揚愛樹精神

近年來，崇尚自然的潮流興起，帶動了人們的愛樹意識，在這當中，電視媒體也扮演了重要的角色。比如說幾年前的紀錄片——《看見臺灣》，便是以寫實的手法記錄了臺灣珍貴的山林風貌，透過這類影片的推波助瀾，民眾再次意識到，臺灣島上有著豐富珍貴的生物資源，亟需我們的珍惜與愛護。這類影像確實有其特殊的價值與意義。

我曾在因緣際會下認識了一位導演，聊及大自然與生態的相關議題時，得知他非常愛好大自然，他的多數作品也都與樹木及大自然相關。

南投信義鄉神木村的樟樹公，為當地的精神象徵。

某天，導演告訴我，他們打算拍攝樹木醫與自然、小朋友互動的影片，希望能邀請我前去協助拍攝。在與導演溝通拍攝內容的過程中，我發現即便是如此熱愛大自然的導演，對樹木醫的了解也十分模糊，更遑論那些對大自然毫無關注的人了。

樹木醫的職業在日本並不陌生，不論是列管於各個單位的老樹、行道樹，或是民家庭院內的樹木等，都需要樹木醫協助診治管理。當然，日本愛樹意識的興盛，也與日本的文化、信仰有很大的關係；我們不難從日本特有的山神、海神、樹神文化中，感受到日本人對大自然的崇敬，再由這樣的崇敬轉為實際行動，致力於樹木的保護。

自歐美的工業革命後，日本在十九世紀開始研究樹木病害，進而撰寫樹木外科診斷書籍。戰後經濟蓬勃發展，隨著自然保護意識的高漲，樹木病害與保護的教育推廣也就顯得更為重要。

反觀臺灣則是在近十年才開始興起樹木保護的意識，截至目前為止，國內各大專院校也尚未建立樹木醫學相關的課程。在過去，我們習慣將樹木學歸類於植物病害等課程中，其實這樣的分野並不正確；不同於一年或多年生的作物及植物，樹木具備了可永續生長百年、甚至千年的木質組織，也就是說，樹木其實是特殊的巨大生物。

溝通拍攝計畫時，我們體認到社會對大自然的需求，更感受到推廣自然教育的價值與迫切，畢竟生活在狹隘都市內的孩子愈來愈多，能接近大自然的機會卻愈來愈少。

最後，導演若有所思的說：「我想拍攝樹木醫帶領小朋友與樹木對話的畫面，讓孩子們感受到樹木的生命力、培養他們愛護樹木的意識。希望能創造出一部深具意義、影響自然教育的紀錄影片。」

拯救老樟樹

接著，導演隨即開始尋找合適的巨樹與老樹。尋遍了臺灣大大小小的神木後，我們將目光停留在南投縣神木村的老樟樹——這棵老樟樹的姿態與氣勢完全符合編劇的要求。於是，我於初秋時期造訪了這棵老樟樹。

到達當地時，才發現老樟樹並不在高山處，而是位於山谷內小村落的深處。一下榻和社實驗林住宿中心，負責接待的小姐便急著為我介紹老樟樹的過去。

「老樟樹是我兒時的回憶，我還是小學生時，每天下課時都會去老樟樹那裡玩，當時它還是非常強健的大樹，如今歷經多次風災、水災，姿態已不像從前那般健康，我們都非常的擔心……」她的言語之中流露出對老樟樹的感情與擔憂。

「老師，妳會去看老樟樹嗎？可不可以幫忙診斷一下它是否健康？不過，之前幾場土石流將整個地盤、路面都沖毀了，想進到山谷深處，需要特殊的車子才有辦法到達。」

「無論路途多麼艱難，我一定要進去看看這棵老樟樹。」我笑著對她說。

隔天一大早，我們一行人越過土石流，翻過不少土石堆，終於抵達老樟樹的所在位置。一到入口處便看見一座小廟，上頭掛著「有求必應」的匾額——想必是當地人自己建造的。由於這兩天都會在這裡拍影片，深感打擾的全體工作人員於是排成一列，向廟裡的神明燒香致意。

趁一夥人忙著張羅準備時，我仔仔細細觀察這棵超過四十公尺的老樟樹，發現它的枝葉已開始萎縮，也出現了許多枯枝。我慢慢地走向前去，自各個角度檢視枯損的位置與程度。

這就是樹木的視診。人類看病時會對著醫生訴說身體上的不適，樹木並不會言語，無法將病痛訴予人知，但透過視診，便能讓不會說話的樹木藉著肢體語言傳達自己所遇到的狀況與危機。樹木健不健康，全寫在它身上。

我讓自己化身樹木，用心感受它所承受的困境。接著手持木槌輕敲樹體，仔細聽取樹幹內的組織狀況，確認內部的腐朽程度。確認完樹體的腐朽狀態後，剩下的就是把脈了——所謂的樹木把脈，意即檢視樹木的根系狀況。樟樹是淺根性樹種，根系會在表土層呈水平狀分布，把脈過程中，我絲毫感受不到樟樹的水平根，代表根系很有可能已經萎縮、甚至枯死。

診斷結束，我心裡有了明確的答案。

我放下手上的鏟子，走到小廟前燒香稟告老樟樹的診斷結果。泥土底下的根系想必被壓得快喘不過氣了吧！

拍攝過程中，現場圍觀的鄉民你一言，我一句，向工作人員說明老樟樹的歷史。村長也對著我道來老樟樹對整個村莊的意義，「請教樹木醫，我們的老樟樹健康嗎？有沒有什麼問題呢？我總覺得它不像往年那樣健壯。我雖然不懂樹，但也希望能為老樟樹做點什麼，只希望老樟樹能夠健健康康，長長久久。」

我對村長說：「這是我第一次來到神木村，對這棵老樟樹的過去並不了解，但是剛剛幫老樟樹把脈時，我可以確定它希望我能幫忙清除腳下的石堆，解決它缺氧的痛苦。」

「原來您可以跟老樟樹溝通！」村長一臉詫異，「沒錯，老樟樹在幾年前遭遇了土石流，我們當初沒能幫它清除乾淨，眼前所看到的路面再往下推約五十公分的深度，才是原本的路面。拜託樹木醫，請您再問問老樟樹，有什麼是我們可以為它做的嗎？無論任何事，只要是對老樟樹好，我們都非常願意去做。但是，因為老樟樹隸屬臺大實驗林，我們無法擅自處理，再者，我們也不知道樹木哪裡出了問題，確實心有餘而力不足。」

「我目前也在臺大任教，我可以試著跟臺大實驗林溝通看看，也許日後能幫上老樟樹。」感受到村長與村民們對老樟樹的關心，我出言安慰，希望他們能稍稍寬心。

之後，我利用拍攝空檔，請導演及拍攝組協助空拍，以此做為診斷紀錄，提供給臺大實驗林做為後續的參考處理。

離開前，我遠遠望著老樟樹，想著它見證了歷史，一路挺過各種天然災害，至今依舊屹立不搖。然而，排山倒海的土石流已嚴重影響根系的生長，導致樹體逐漸衰弱。若能將土石流帶來的積石清除乾淨，還給老樟樹一個安穩的生長空間，也算是一大善舉。

回到學校後，我立即將現場土壤基盤的調查報告書交給臺大實驗林。實驗林也派了幾位植物病理學者前往現場勘查。不久後，實驗林承辦人聯絡我，說明植病系的專家勘查的結果——樹木一切無礙，非常健康。

我向承辦人員解釋，老樟樹的問題不在於病蟲害，而是土壤基盤，這不是植物病理專家可以解決的，他們並不具備植栽基盤診斷與土壤改良的專業，這就好像病人急需外科手術，卻找了眼科醫師前來診斷一樣。

很遺憾的，實驗林最終仍堅持他們原本的判斷，看著他們例行公式般的官方回覆，我挫敗得啞口無言。

不久後，村長也向我轉述了當天會勘的情形，他在電話中氣憤的說：「那些人就只是過來看了幾眼，既沒開挖也沒診斷，還拿著鎚子在那邊亂敲亂打，我實在看不下去了，急忙上前阻上，拜託他們別再敲打老樟樹了……」

我們總是在看到樹木快死了，才開始意識到問題的嚴重性，最終就會像阿里山櫻花一樣，成為眾人眼中的燙手山芋，卻沒有人願意站出來承擔治療風險。即使如此，我還是會耐心等待能出手幫助老樟樹的這一天來臨，只希望它能多撐一段時間！

樹瘤

一般常見的樟樹為水平淺根系，我們不難在公園或道路上發現樟樹破土而出的根系。樟樹有龐大的根系抓地，穩定樹冠、樹體，也因為樹體圓胖，無法如參天古樹般地直通雲端；愈老的樟樹，樹形愈是呈現偏圓趨勢。這些老樹的樹幹上常能見到蕨類、蘚苔類等著生植物與樟樹共生。

每當大學內的樹木課程開講時，我都會領著學生到校園內觀察老樹。樟樹是最常見的校園樹種，相較於其他樹種──如櫻花，腐朽的比例也較低。這是因為老樟樹的樹幹基部容易長出樹瘤，樹瘤是樟樹中樟腦含量最高的部分，樟腦成分能阻絕害蟲，因而降低了害蟲啃咬、傷口腐朽的機率。

Part3

樹木與人類

1

樹木及森林的重要

樹木的實際益處

森林，左右了地球上的生物活動，同時也是最重要的環境要素，它能將二氧化碳轉換為人類賴以維生的氧氣，也為居住其中的動、植物提供庇護，組成生物多樣性豐富的生態系統。

我們很少意識到我們賴以為生的氧氣，更少想起它來自於森林的供給。正因為森林是猶如「空氣般的存在」，讓我們更容易忽視了它的重要性，將它視為空氣一般理所當然的存在。

森林的物理效益

森林與樹木究竟具備哪些特殊效應？

以物理的概念理解時，樹木與森林不僅提供了炎炎夏日的遮蔽，還可減緩太陽光直接照射地面，避免路面或建築物的溫度飆升。防風、防霧等氣候緩和、減輕噪音及塵埃等公害問題。近年來，每逢暴雨必引發土石流，便是森林植被受到大量破壞所致。

我們的環境是藉由樹木的生理活動得以形成、維持。樹木的生理活動指的是光合作用，樹木進行呼吸作用時，會將吸入體內的二氧化碳轉換為葡萄糖，成為能量；這個過程中，透過光合作用儲存的碳素也有助於樹體的生長。樹木自大氣吸收二氧化碳的同時也吸取了其他的物質，空氣中的有害物質便是藉由這樣的呼吸活動儲藏在樹木體內。樹木就像是大自然的空氣清淨機一般，能藉由呼吸作用過濾大氣中對人類有害的汙染物質。

除此之外，光合成所需要的水自根系吸收，再透過葉面以蒸散的方式擴散至大氣中，之後又成為雨滴回到地面，再次被樹木的根系吸收。水透過降雨回到地面，再藉由樹木通往大氣；樹木便是透過這樣的循環淨化水質。

人類與樹木、森林之間的關係，可以溯及九百萬年前，當時人類以森林為生活的中心。除了樹冠能遮蔽直射的日照外，森林內部也因為氣流及樹冠的放射冷卻效應得以維持相對穩定的溫度。因此，人們會在氣溫低的雨季生活在樹上，並在暑熱的乾季回到地面生活，藉此調節體溫，節省能量消耗。

然而，人類自一萬年前開始征服自然，也同時破壞了自然，甚至在五千年前開始展開了都市文明，從此遠離了森林的保護。

近年來，地球暖化引起氣候異常、氣溫上升，樹木也因此身處混亂中。除了異常氣候帶來的災害，氣溫及日照的改變也直接影響著樹木的生理。除此之外，原本只在熱帶活動的害蟲，也因為氣溫上升的關係開始在溫帶地區肆虐，不得不讓人意識到氣候暖化的嚴重性。

帶給人精神上的支持

樹木除了提供並改善我們生活環境，也能直接療癒我們的心靈。

身為樹木醫，除了在現場治療、診斷外，我也會在大學課堂上教授樹木保護相關知識。每次課堂結束後，總會有學生問我為什麼喜歡樹木？這個答案，當然不會是出於樹木對人類的物理貢獻，而是涉及自身的感受。在診斷現場，我常常會不由自主望著這些樹木，想著這些樹木毅然地聳立、不畏風雨，讓我心生敬畏，讚嘆不已。這或許就是我愛樹木的最大理由吧！

我深受一部德國紀錄片所感動，我是在某次採訪結束後，經由一位年輕編導的推薦得知此片的。一說起德國，相信許多人第一個想到的，是其著名景點——黑森林，德國對自然或森林保護的重視也向來為國際所熟知。該紀錄片的涵義深遠，教人百看不厭。

紀錄片的主角是德國格魯納森林內的一棵老橡樹，影片詳實記錄著老橡樹的點點滴滴：樹冠約有六十萬片的葉子，光是一天，便可製造出十二公斤的糖儲存在樹體內、吸收兩到三戶人家一天所釋放出來的二氧化碳、蒸發四百公升的水分，還製造了十個人一天所需要的氧氣。身為一棵年近五百歲高齡的老樹，它還是不間斷的持續工作著。

鏡頭往上攀，可以發現樹幹上遍布著大大小小的傷痕，這些傷痕同時也是許多動物及菌類幾百年來賴以生存的家。儘管出現了許多的樹洞、受到再多的攻擊，這棵老樹也只是默默地承受著、忍耐著。

這棵老橡樹的一生都在這塊土地上，從一五四三年首次扎根在砂質土上——當時周遭還是一個自然的環境，期間遭逢了乾旱、蟲害、風災，直至西元一六〇〇年成長茁壯為十公尺高的大樹。

一六一八年，歐洲爆發三十年戰爭，這棵橡樹安然挺過了戰火的摧折，於一八〇六年迎來了它兩百五十歲的生日。

在橡樹接近三百歲時，工業革命展開，人口持續不斷地增加，隨之而來的是森林樹木受到人類的大量砍伐及破壞。幸虧自然保護意識興起，在人民的努力奔走下，德國的格魯納森林最終被保留了下來。

一九一六年一次大戰爆發時，老橡樹已經三百七十三歲了；之後又歷經二次大戰，受到盟軍不斷的轟炸。隨著二次大戰的結束，經歷了東西德抗爭、統一，這棵老橡樹如今已五百歲高齡。

這棵老橡樹紀錄了人類近五百年來的歷史變遷，歷經了工業化的影響、戰後的貧困及動盪。紀錄片不僅帶來了感動，也喚醒我們對樹木的尊重與愛護；老橡樹不僅僅是一棵樹，它更是活生生的歷史見證者。

樹木小知識

山毛櫸

一棵樹木從生長茁壯，及至長成百年、甚至千年，是極為不容易的。以山毛櫸類的樹木為例，每年都會有數以萬計的山毛櫸小樹苗展開生存冒險，其中卻只有少數能夠成功長成大樹。根據調查數據顯示，兩百多個種子中，能育為大樹的僅有一個；那些成功存活了百年、千年的樹木，可說是非常的珍貴。

2

種樹學問大

幫樹木找個好家

「適地適木」是近年興起的種植概念，源自古代的林業經營手法。種植樹木時，仔細考量種植地的氣候、地質、地形、土壤等要素，選出最適合的樹種，就稱為適地適木。

適地適木

簡而言之，適地適木就是幫樹找個好家。

舉例來說，周遭常見的植物中，竹類與柳樹類偏好水分多的環境，因此不難在溪流河川邊、土石堆積處看見它們的身影，就算不是生長在上述環境，也可推斷其所生長的地層中必定含有較多水分或地下水層距離土表較近。此外，常見的青苔類等也可做為判斷水分供給充足與否的要素。

除了適地適木之外，近幾年的植栽設計也導入了樹木相生相剋的自然配植概念。每一種花草及樹木所需求的生長環境各自不同，如何讓不同種類的樹木相互配合，構築水、土壤、微生物之間的平衡，同時考慮所有植物之間的空間平衡（即所謂的相生相剋），便是自然配植的核心概念。

計畫種植時，是否正確掌握樹木配種與性質？是否為樹木所需要的環境？配植的樹種之間的協調及適性為何？一直到所提供的機能與日後生長預測的考量，都應納入整體規劃與設計。

當然，不可否認還是必須運用自然本身的力量，藉由微生物、植物自身的自然回復力，提升土壤微生物優化，利用益生菌提升樹木免疫力。總而言之，就算是適應能力再強的樹種，若沒有適合的土壤、水分條件也無法永續生長。選擇樹種時，還是必須考察附近植生的種類和生長狀況。

育種樹苗的教育精神

古代人將種樹、移植用來譬喻教育，就連唐朝柳宗元也曾經受到種樹者的啟發，將種樹的概念延伸到教育上。根據唐朝的文獻《種樹郭橐駝傳》記載：

一位種樹者其鄉曰豐樂鄉，在長安西。駝業種樹，凡長安豪富人為觀遊及賣果者，皆爭迎取養。視駝所種樹，或移徙，無不活，且碩茂，早實以蕃。他植者雖窺伺效慕，莫能如也。

有問之，對曰：「橐駝非能使木壽且孳也，能順木之天，以致其性焉爾。

凡植木之性，其本欲舒，其培欲平，其土欲故，其築欲密。既然已，勿動勿慮，去不復顧。其蒔也若子，其置也若棄，則其天者全而其性得矣。故吾不害其長而已，非有能碩茂之也；不抑耗其實而已，非有能早而蕃之也。」

郭橐駝是鄉里聞名的種樹達人，凡他所經手的樹木無不生長得茂盛、健壯。柳宗元對郭橐駝備感好奇，特地向他請教了植樹的訣竅，郭橐駝卻說，種樹不須特別的技術，不過是順應其性罷了！一旦種植後，就不要再去干擾它，讓它順應本性的長大。

柳宗元將郭橐駝的種樹思想延伸至教育，認為培育樹苗就如同教育學生，在根系尚未穩固之前投注過多關心，擅自移動樹體、擾亂根系，反而容易導致樹木枯萎，這就跟教育的概念如出一轍。

樹木移植

中國古代的種植概念在唐朝時期發展至頂峰，除了出現如長安、洛陽之類的庭園都市，也留下了不少種植相關的文獻記載。這些文獻中提及土壤、氣候、生長環境不良對樹木的影響，也提到移植樹木時，若切斷維持根系生長及吸收的細根，就容易導致根系失去機能，進而枯萎。

因此，為了讓移植所切斷的根系重新發出新根，移植後除了要支持地上部的樹體外，更須留意空氣、溫度，及土壤環境是否適宜，還要給樹木養生的時間。此外，根據樹種的不同，發根的特質、植栽時期也會有所不同，皆應納入移植時的考量。

日本受到唐朝文化的影響，自平安時代開始也導入綠化景觀的概念及種植手法。根據當時文獻描述，樹木的植栽可分為陰陽：「將樹木以土塚高植，為淺植，可吸收地上陽氣而生長茁壯。深植時，陰氣聚集生長反而不良。」高植能吸收陽氣，遇到櫻花、杜鵑這類不喜潮溼低地的樹種，用土塚式的種植方法便可確保植栽基盤的通氣、排水環境，讓樹木健全生長。由此可見當時的種植技術已充分考量到土壤環境的適性。

高植也可以説是土塚式的種植法，植栽基盤如同小丘般隆起。圖片中種植的樹種為辛夷，是早春開花的樹種。

論到樹木移植，據說當時移植樹木都是趁深夜時分進行的。日落之後，移植的工人挑著樹進行搬運，並且趕在天亮前把樹木種好，以不驚動樹木的心情謹慎地進行移植的動作。可見得自古代開始，便對種植樹木的手法極為講究。

種樹技術發展至今面臨了更多的挑戰，除了驟變的氣候帶給樹木的壓力外，都市內的土壤環境已不再自然，而是充斥著人工植栽基盤，這樣的基盤之下，根系伸展受限、排水不良、劣質土壤等因素，都足以成為樹木生長的致命傷。此外，為了配合建案的工期，絕大多數樹木也未能在適當的移植適期進行移植。

樹木小知識

移植適期

移植適期是指最適合進行樹木移植的時段。一般落葉樹種如櫸樹、櫻花等多選在樹木停止生長或休眠的時期進行移植。

另一方面，鳳凰木、青剛櫟等常綠樹種應避免在嚴寒及酷暑、新芽尚未伸展之際進行移植，因此移植適期多落在十至十一月，或三至五月。

3

染井吉野的國際風潮

絕世美女的誕生

櫻花主要分布於北半球的溫帶地區，以亞洲地區的種類最多，中國與朝鮮半島也分布了許多種類。歐洲所產的櫻花不同於亞洲品種，以歐洲櫻桃這類的品種居多，北美洲的櫻花則喜溼潤環境，類似上溝櫻的品種。

櫻花品種之中，染井吉野櫻為東京最具代表性的櫻花品種，其壽命約七十年左右，最多不超過一百年。染井吉野最大的特徵是，即使是同種授粉，種子也無法發芽，因此需以嫁接等方法進行培殖。

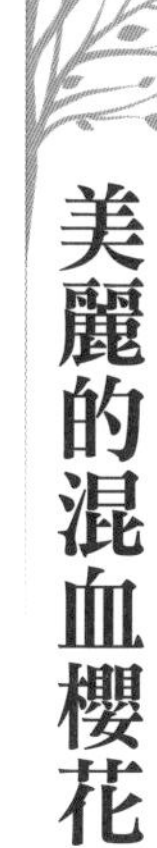

美麗的混血櫻花

染井吉野櫻誕生於十六世紀豐島區的染井村，為苗圃商配種下的新品種。當時，奈良的吉野山櫻花最負盛名，可說是櫻花的代表。園藝商為了另闢風潮，嫁接出新的品種，其外型與吉野櫻相似，但是花型更大、顏色更美。後來經過學者確認，發現其為大島櫻與彼岸櫻之間的配種，因為出身自染井村，於十八世紀初期即正式命名為染井吉野。隨後廣泛種植於日本各地，遍地開花。

染井吉野櫻都是取同一棵樹的枝條來進行嫁接，也就是說，所有的染井吉野都有著相同的基因，因此每年都會在同一時期綻放。

目前，最長壽的染井吉野位於東京都文京區的小石川植物園內，將近一百三十歲。東京街道上的櫻花樹則是在戰後陸續種植的，平均壽命約七十至八十歲。

走向國際

當時，染井吉野的風采也傳播到北美大陸的華盛頓。一八八五年，著名的攝影家伊萊莎・斯基德默（Eliza RuhamahScidmore）拜訪日本時，受到東京向島地區的櫻花樹所感動，隔年回到華盛頓後，斯基德默趁著波多馬克河周邊的填土工程進行時，向美國陸軍管理者提出了種植櫻花的計畫。

可惜這樣的計畫遭到了否決。

在此時期，同樣受到日本櫻花感動的還有當時的植物學家費柴爾德（David Grandison Fairchild），他想在自家庭院內嘗試種植櫻花樹，於是在一九〇六年自橫濱進口了一百二十五棵櫻花樹，希望能讓東方的櫻花在北美大陸生根茁壯。費柴爾德培育的櫻花樹成功盛開，因此確認華盛頓適合種植櫻花樹。不久後，費柴爾德開始推動在華盛頓種植櫻花樹，也大力支持斯基德默所推動的植櫻計畫。

斯基德默在之後的二十四年之間，未曾放棄推廣日本櫻花的念頭，一直到一九〇九年終於打動了當時的第一夫人海倫・塔夫特。第一夫人在斯基德默與費柴爾德的建議之下，開始主導種植櫻花樹於波多馬克河堤防的計畫，推動公園美化。實際上，第一夫人曾在一九〇三年拜訪日本，她在觀賞荒川河堤邊的櫻花樹群時，被櫻花樹的美徹底感動。

除了這三個人以外，另一位推動植櫻計畫的關鍵人物，是當時居住在紐約的日本科學家——高峰讓吉博士。一得知第一夫人竭力推動植櫻，高峰博士立即向東京市長尾崎行雄請求協助，在他的努力奔走下，第一批來自東京的櫻花於一九一〇年到達了美國。令人惋惜的是，美國農業局檢疫後發現，該批櫻花樹受到病蟲害侵襲，不得不立即銷毀。

此番意外後，高峰博士與東京市長並未放棄贈送櫻花樹的計畫，甚至為了將健康的樹苗送往美國而進行更為細緻的培育計畫，取荒川河堤上健康的櫻花樹做為嫁接苗，一心一意想培育出最健康的樹苗。

一九一二年，十二個不同種類的櫻花苗再度於橫濱港出發，先抵達美國西海岸的西雅圖，再轉往華盛頓。全數通過檢疫後，所有的樹苗終於可以扎根於北美大地。自一九一三年到一九二〇年期間，約有一千八百棵染井吉野種植於林肯紀念堂的倒影池邊，剩下的其他十一種則種植於東波多馬克公園內。

一九六五年，日本政府再度寄出三千八百棵染井吉野，擴大範圍種植於華盛頓紀念塔周邊。東波多馬克公園更是增植了八千棵以上的櫻花樹，成為美國的賞櫻名勝地。

除了美國，臺灣也有染井吉野的芳跡。日據初期，日本政府為了開設森林鐵道而開發阿里山，於一九〇三年試植染井吉野，之後更於一九一八年陸續種植了九百棵櫻花樹，三年後滿開，成為阿里山的象徵性要素。

臺灣最早期大規模種植櫻花的地方首推阿里山，阿里山至今尚有超過百年的老櫻花樹。

二十世紀初期除了臺灣與美國以外，歐洲也於戰後展開櫻花樹的種植計劃。一九五九年，日本總理岸信介訪問歐洲各國時，為了與義大利友好而贈送了兩棵染井吉野。訪問結束後更追加了兩千棵的染井吉野，種植於羅馬艾瑞湖周邊，從此蔚為風潮。

療癒人心的美

這是一個涼爽的初春早晨，我趕著去勘查樹木。時值櫻花祭，大街小巷充斥著前來賞櫻的人潮，路上更是車水馬龍、水洩不通；我在小巴士內，無奈的看著車窗外的風景。不久後，我注意到不遠處有一群小學生坐在校園內的櫻花樹下，正在進行一場愉快而熱鬧的櫻花宴。

一陣風吹來，所有學生緩慢的站起來，伸手想接住拂過臉頰的花瓣。只見他們盲目的揮舞雙手，卻屢屢撲空。我疑惑不已的轉頭望向校門口，才發現這其實是一所盲聾啞學校。這些小學生雖然看不見櫻花樹的美，卻能感受到櫻花樹愛的療癒，光是拂過臉頰的花瓣，就能讓他們如此的興奮。

我忍不住感動，對這棵櫻花樹說：「你真是個大笨櫻。用整年的時間拚命地儲存養分，就是為了在今天奮力的綻放。如此忠實的盡好你的本分，只因為大家對你的讚嘆成為你生長的力量。」

也許是工作使然，對身為樹木醫的我來說，樹木不僅僅是靜止不動的大型植物，它具備了鮮活的生命力，能療癒需要它的人，沒有男女之別，更沒有年齡大小之分，只要你願意用心體會樹木的美，便能從它們身上得到力量。

樹木小知識

最高齡的櫻花品種——垂櫻

櫻花品種中，能生長超過百年、甚至接近千年的品種為垂櫻。顧名思義，垂櫻的特色便是那如同柳樹般垂下來的枝葉姿態，由於耐冷，普遍分布於溫帶地區。

最具代表性的垂櫻是位於福島縣三春町的三春垂櫻——為彼岸櫻系統的垂櫻。其樹高十三．五公尺，樹冠寬度二十五公尺，樹幹直徑三公尺。

據說這棵三春垂櫻自十五世紀開始受到當地藩主的保護而得以保存至今，是樹齡超過一千年的珍貴老樹。

日本福島縣的三春垂櫻。

4

樹木癌症

樹木的不治之症

樹木癌症並不是近年才出現的樹木疾病，這種病菌過去也常常出現在果樹身上，只是沒有特別受到關注；果樹如同職業產婦，壽命向來有一定的限度，人們也往往容易因此忽略果樹的健康狀況。這幾年因全球暖化，喜好高溫潮溼的病菌漸漸從熱帶地區蔓延開來，樹木癌症的案例也因此劇增。

無藥可治的褐根病

樹木癌症多半發生在都市內的樹木身上，鮮少出現在樹林或森林之中，原因非常簡單，當病菌進入森林中，森林內的生態網會像蜘蛛網一樣將病原菌一網打盡，逐出森林。

反觀都市內的行道樹或公園綠地，就沒有這般健全的生態網能保護樹群，這也是森林樹木與都市樹木在生長環境上最大的差異。

究竟樹木醫的治療對象該是森林樹木，還是都市樹木？以生長環境來看，都市的樹木可能更需要樹木醫的照護，不過這並不代表森林的樹就不會生病，以過去的統計數據來看，森林樹木的主要威脅來自大面積的蟲害，而都市樹木則是以腐朽、傾倒居多。

森林的樹木受到的威脅，往往與大環境的氣候有著非常直接的關係。例如因全球暖化、少雨高溫導致松材線蟲的大量增加，以致松樹發生枯損，然後往森林內擴大蔓延開來，一發不可收拾。

都市的樹木受人為的種植管理，受限的植栽環境及人為的破壞都會導致樹幹損傷，進而促進腐朽的發生，更常不堪風害而傾倒。

森林的樹木面臨的是大自然環境的變動，而都市樹木則是面臨微氣候及人為因素所帶來的壓力。

樹木癌症又稱為褐根病，不論是臺灣、東南亞、香港，甚至是日本沖繩都深受其害。學術研究者不排除其為一種自然淘汰——也就是適者生存，不適者淘汰——的天擇現象。顧名思義，褐根病是根系病害的一種，得到褐根病的樹木會從根部開始腐爛，再藉由根系的伸展

褐根病病徵——棕褐色的菌絲面。

將病源傳播出去；只要是根系能到達的地方，病菌就會追隨到哪，持續感染其他的樹木。

除了臺灣，沖繩近幾年來也飽受樹木癌症所苦，並曾舉辦多次學術會議，急於解決問題。儘管開發了許多藥劑或者配合熏蒸，但也不乏民眾基於農藥的劇毒性而出言反對；有不少人會選擇用物理方式進行防治，如以鐵板埋入土壤內做為隔離，或者直接將病株伐除燒毀。

除了出現民眾對藥物防治的反對，防治單位的專家學者也一致認為，使用劇毒性的熏蒸法，也會對周遭生物和土壤內的微生物產生危害，造成整個生態系統的傷害。基於以上論點，必須採用如此極端的作法嗎？

站在樹木醫及樹木保護的立場，不可否認樹木植栽基盤的土壤生態極為重要，一旦熏蒸導致土壤化為死土，應該沒有任何人可以認同。

至於樹木癌症究竟有沒有藥可治呢？其實，初期尚可控制，重症後已回天乏術，就算勉強治療也是半死不活，甚至違背了樹木醫的良心——明知無法痊癒卻強行治療。

褐根病是一種慢性枯死的方式，樹木進入慢性衰退的過程中，根系不斷感染病菌，最終擴散至其他健全樹木。每當聽聞諮詢民眾訴說樹木整棵枯死、出現惡臭時，八九不離十為罹患了樹木癌症。

具傳染力的樹木疾病

曾經有一位學生向我求助：「我家院子內有棵榕樹，是曾祖父當年親手種植的，阿公自小就在這棵榕樹下玩。無論四季如何變化、人事如何變遷，阿公都會在榕樹下與鄰居泡茶聊天。幾年前，我們發現老榕樹的葉量變少了，不久後甚至開始大量落葉。起初我們都不疑有他，認為冬天落葉是很正常的現象，沒想到隔年春天來了，連葉子都不長了。我爸爸急了，不斷打聽親友意見，也到鄉鎮的農改場等地詢問；嘗試過各種藥劑，依舊沒有好轉。在求助無門之下，得知老師擅長診治樹木，所以想請問老師，不知道這棵榕樹究竟發生了什麼事？」

學生急忙拿出事先準備好的資料。攤開一張張泛黃的照片，只見老榕樹從一棵茂盛健壯的樹木，到近年逐漸萎縮，甚至接近枯死的狀態。為了證明家人的努力，他把各處打聽來的處置方法、用藥種類，像是農藥販賣商一樣，陳列出一整排的瓶瓶罐罐，用照片記錄著。

「請問老師有時間嗎？是不是可以到我家看看這棵老榕樹？」

我翻著照片反覆確認，最後無奈的說：「這棵老榕樹已經無法救治了。這段期間，所有的藥劑並無法阻擋病菌的蔓延，甚至不能減輕樹木的痛苦。從照片看起來，根系的病菌已經自根系組織爬到地面上，很顯然根系已經潰爛了。相信你在現場拍攝照片時，應該不時可以聞到一股惡臭，味道有如爛掉的香菇一樣。樹木的根系就像人類的嘴巴，當根系潰爛，養分、水分便無法吸收，樹體自然就會慢慢衰弱至枯死。」

「確實有聞到很臭的味道，所以真的沒救了嗎？明明去年還好好的，怎麼會……」學生焦急的語氣中流露出對這棵老榕樹的深厚情感。

「雖然很殘酷，但還是建議你一回到家，立即將老榕樹伐除燒毀。若不及時處理，這些病菌會順著病根蔓延至其他樹木，一旦擴大下去，恐怕整個院子的樹木都會出現感染危機。伐除後這幾年，種些小花、小草還可以，喬木類的樹種就請暫時避免吧！」

學生頓時宛如遭逢晴天霹靂，不發一語，更無法接受這樣的事實。

看著學生一臉無助與落寞，我也只能盡可能向他解釋老榕樹的現況：「失去了老榕樹，伐除後重新再培育第二代也算是另一種方法。其實，當遇到樹木癌症時，一般人往往都會忽略根系傳染的嚴重性，拖過半年以上未插手處理，相信院子內也應該有許多樹木難逃一劫。」

聽完我這番話，學生立刻趕回家中確認，才發現其他樹木果然也出現了類似的情況。即使再心急，也止不住傳染的蔓延，最終只能狠下心伐除。

這幾年，臺灣的褐根病的蔓延並未受到控制，再加上一般人對於傳染的輕

滴管罐藥為褐根病常見的治療手法之一，然效果極為有限。

忽，而未能在第一時間進行適當的處置。其實，褐根病找上的樹木多為高齡且老化衰弱的樹木，若樹木本身夠強健，具備一定的抵抗力，自然可以對付得了病菌。樹木癌症如同人的癌症般，得靠自身的免疫力去克服，光憑藥物的控制是極難收到成效的。

樹木有其決定生死的方法，我們能做的只有順應自然，盡可能抑制病菌蔓延，確保其他樹木的生存空間。

樹木小知識

森林生態網

森林是一個龐大的生態組織，蘊含著各式各樣的菌類、微生物，與樹木共生相依。不僅是樹木，灌木、甚至地上的雜草都會在森林的地底下相互串連一起。森林裡到處都在進行訊息交換，傳訊者就是菌類，它們和樹根一起分享同一塊土地，彼此進行交流。

每一棵樹都具備了訊息系統，細根的先端會不時偵測土壤的狀況，當土地乾燥時，會透過樹體內的樹液發出訊號至樹冠以減少枝葉的水分蒸發，樹根也自樹冠收到蟲害或養分需求的訊息。

樹根就如同樹冠生長在地裡的分枝。細根先端發出訊息激素，確認同類的位置，進而調整自己生長的方向，避免影響彼此生長。但是，為了進一步進行遠距離的交流，樹木還需要它們的盟友——也就是菌類。菌類在地底下織出龐大的細網，以薄膜包覆樹根，上演著精采的交易戲碼：菌類提供磷酸、氮素給樹木，然後自樹根獲得光合作用產生的糖分。

菌類的網還可將整個森林串起來，稱為林網。樹可以從中知道其他樹木的狀況，也能透過這樣的方式養育後代，例如母樹定期提供糖分給小樹。若沒有菌類的幫忙，森林是很難成立的。

5

從樹木看健康

人體有如大自然的縮影

樹木醫的視線往往專注在樹木身上，就像醫生一樣容易疏忽自己，一心只想著患者的病痛及健康。然而，這樣的想法卻在一次契機中有了很大的翻轉。

樹木與人體醫學

有一位結識多年的友人非常重視健康，經常關注各種與健康、養生有關的議題。因為如此，他開始留意起生活環境的變化。如今的生活環境遭受到各種人為破壞，充滿化學添加物的飲食、各種環境汙染——舉凡道路的汽車廢氣、工廠排煙，及至燃燒垃圾時產生的戴奧辛，都讓空氣品質急遽惡化。國內外罹患癌症的人數直線飆升，罹癌者也有愈來愈年輕的趨勢。

友人問我：「身為樹木醫，你覺得樹木對人體醫學能帶來什麼幫助嗎？」

一直以來，我只關注樹木健康與否，從來沒想過樹木跟人體醫學會有什麼關聯。友人這麼一問，倒真的讓我完全愣住了。

他進一步解釋：「樹木醫專注的焦點一向是樹木本身，不過，樹木除了景觀美化等功能，應該還具備了其他效果吧？如果能讓大家知道樹木對人體的益處，對於推動愛樹意識不是更有幫助嗎？」

的確，想喚起大眾對樹木、對大自然的重視，確實應該讓大家先明白，樹木能帶給人體的具體好處。

從褐根病到人體的癌症

我曾經出席過一場人體健康論壇，與會者除了醫療相關人員、營養師之外，還有為病痛所苦的各種病友。活動中，有的病患訴說自己罹病後四處求醫、煩惱龐大醫療費的心路歷程，也有人談起接受化療的種種辛苦。儘管我不是醫生，但看到有人為病痛所苦，就跟見到病痛的樹木一般，讓我深感心痛與不捨——醫者的心都是一樣的。

化療是利用化學藥物將體內的癌細胞殺死，卻會造成免疫力的衰退和身體的負擔，同時也違背了中醫的養生概念——用藥物殺死癌細胞的同時也破壞了身體，如何期待身體會有力量對抗疾病？

樹木同樣也有癌症，臺灣、東南亞、中國南部、香港等地都陸續出現了樹木癌症的案例。在這些罹癌的樹木中，真正能恢復健康者少之又少；即便如此，我們仍然選擇用劇毒的農藥強行治療，也間接危害了我們的生態及生活環境。我一向反對用化學農藥及肥料來治療樹木，因為樹木跟人一樣需要養生，而養生的中心概念，便是順應自然、回歸自然。

生長在森林中的樹木很少會罹患樹木癌症，一旦樹木癌症——褐根病——的病菌試圖進入森林，森林內成千上萬種土壤微生物便會築起堅固的城牆，讓病菌不得其門而入。簡而言之，森林內的微生物有如益菌大軍，能幫助樹木提高免疫力、對抗外來病菌的入侵。若將人體看成一座森林，癌症患者就像是遠離森林、失去免疫力的孤單樹木，欠缺了益菌的保護。用化學藥物破壞了人體的免疫力後，便只能毫無抵抗的接受癌細胞攻擊了。

我的專業不在人體醫學，僅能以樹木醫的觀點來看待人體和疾病，被移植到都市的樹木，土壤內的益生菌大幅減少、空氣汙染使樹木光合作用降低而能量減少，再加上得不到妥善的照顧與重視，種種惡劣的條件便導致樹木得了癌症。

負離子的健康好處

近幾年來，負離子相關的商品愈來愈受歡迎，可見得大家對負離子的效益並不陌生，相較之下，正離子就較少為人所知了。

正離子常見於大樓林立的都市環境中，舉凡空氣汙染、各種毒素，乃至於人們經常使用的手機、各種家電，都會釋放大量的正離子，致使環境中的離子平衡遭到嚴重破壞。長期暴露在這類環境時，這些正離子便會進入體內，致使我們產生頭昏、頭痛、肩膀痠痛、噁心嘔吐，情緒不穩及失眠等症狀。

正離子與人體的關係如下：

正離子增加↓血液酸化↓累積毒素↓生病

過多的正離子會促進血液的酸化，酸化也意味著細胞膜的酸化。人體有六十兆個微小的細胞，細胞中心有細胞核，外圍則被細胞膜所包覆；一旦細胞膜被破壞，細胞也會因此失去機能，最終引起連鎖反應，出現各式各樣的身體不適。若放任情況繼續惡化下去，就容易發展成癌症或其他病症。

行文至此我不禁想，是不是因為我經常跟樹木朝夕相處，所以身體比其他人來得更健康？

人類自遠古時代便與森林共生存，當人類離開森林、展開文明生活後，從森林及樹木獲取的免疫力也就此消失了，隨之而來的便是各種難纏的文明病。或許，文明病的崛起跟都市內不自然的生活環境脫離不了關係吧？

雖然我們無法為了躲避正離子選擇搬離都市、放棄使用現代產品，但仍舊能透過一些方法來減緩正離子帶給人體的衝擊——也就是負離子。

負離子跟正離子正好相反，是人體不可或缺的元素，它能緩和正離子，幫助身體恢復疲勞，因此又被稱為「元氣離子」、「空氣中的維他命」。負離子多存在於富含水氣的自然環境中；當水由高處落下，擊打到地面而濺起水花時，飛散的水粒子會與空氣摩擦，產生負離子。因此水氣多的地方如溪谷、森林、公園噴水池周遭等，往往蘊含了大量有益健康的負離子。

面對環境的惡化，透過綠化改善生活環境，才是確保健康的不二法門。森林除了淨化空氣、吸收二氧化碳釋放氧氣外，更是維持人們健康的重要因子。

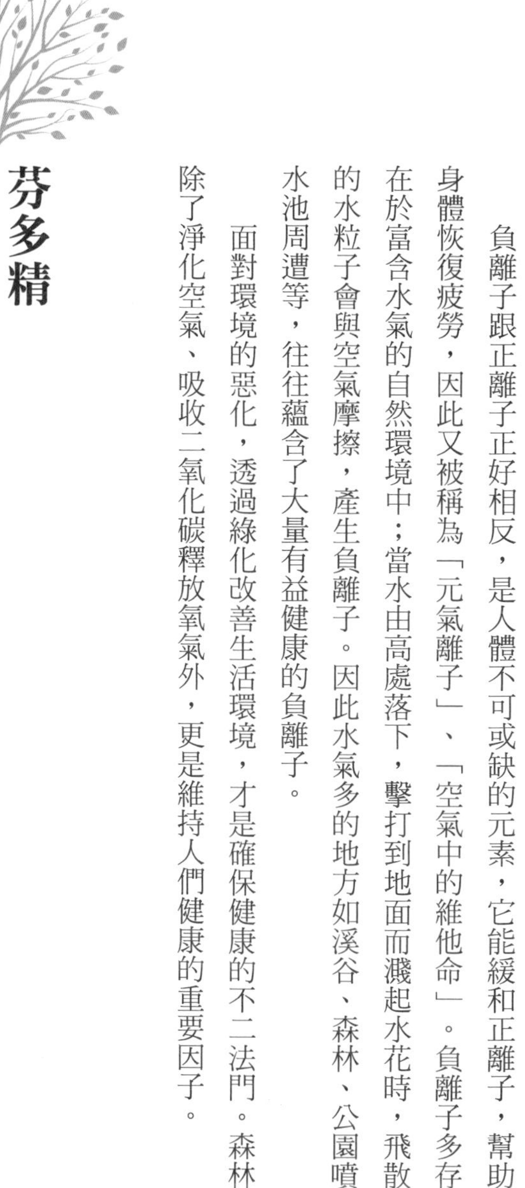

芬多精

走入森林深吸一口氣，讓鼻腔被樹木的芳香充滿，這種來自森林的氣味，便是我們所說的「芬多精」。

芬多精是植物散發出來的揮發性有機物質，具防黴、抗菌等特性，能保護樹木自身不受病害侵襲。芬多精包含了數百種化學成分，光是杉木類樹種的芬多精就多達五十至一百種，多集中於葉、莖、花、根系等部位。

有趣的是，樹木釋放的芬多精除了能保護自己，對森林中的其他生物也多有裨益。舉例來說，針葉樹的芬多精主要為α蒎烯，除了具備強烈的驅蟲效用外，還有抗發炎、降血糖、鎮靜止痛等特性；漫步於森林中，血液中的α蒎烯濃度會增加五到十倍，能幫助人體感到放鬆。

除此之外，置身樹木環繞的自然環境時，人體會不由自主深呼吸，光是這個動作也能替我們帶來許多健康效益——研究顯示，深呼吸四十五秒後，血壓會降低三到四%，同時還能促進血液循環。

樹木氣功

日本在近年來盛行一種與樹木療癒有關的課程——樹木氣功。樹木的周圍具備能量場，會以樹木為中心，向四方散發能量，猶如水面產生的波紋般呈放射狀擴散出去。樹木自根系吸收的能量經過樹幹、枝條，及至葉子，往天空發散，呈螺旋狀往上流動，再與大氣與地氣等能量結合在一起。

某次前往深山進行樹木調查時，正巧遇到有人在教授樹木氣功。只見每位學員選定一棵自己偏好的樹，站在樹木的正前方深深一鞠躬，然後深呼吸，將兩手慢慢往左右伸展，屏除心中雜念，讓自己跟樹木的氣場合而為一。接著藉由觸摸樹木，感受樹木的脈動，想像從樹幹、樹體、樹根而來的能量流動，藉此療癒體內的疲勞，緩和情緒、促進健康。

這是一種將自己置身於自然環境，藉由五感（看、聽、食、嗅、觸）感受樹木能量，幫助自己達到身心放鬆的課程，因此，樹木氣功也是一種將精神沉靜下來的好方法。

教授樹木氣功的老先生向我解釋，芬多精的濃度會隨著季節、時段而不同。夏季時的濃度最高，早上十點到中午更是最為精華的時段，因此這類課程多集中在六到八月的上午時段。

我們的基因刻著對大自然的嚮往

樹木與我們的生活環境息息相關。人類自文明發展後便離開了森林，農地耕作、都市開發等文明活動也導致樹木大幅消失或生長不良。當地球上的樹木開始減少，氣候及人類的健康也隨著受到影響。

樹木除了可做為燃料，還能提供氧氣、固定大氣中的二氧化碳以減緩地球暖化，也構築了地球上豐富多樣的生態系。我們看似已習慣了文明帶來的舒適與便利，身體卻未完全適應如此劇烈的環境變化，導致身心都處於壓力、緊張中，出現各種文明病——我們在本能上嚮往著大自然帶來的安心感。樹木的能量，也是人類賴以生存的重要關鍵。

樹木小知識

緩和憂鬱的樟樹

樟科樹種主要分布於暖溫帶的常綠闊葉林，共有約三十屬、兩千五百餘種。樟樹不僅生長快速、強健、耐空汙，而且十分長壽，樹齡悠久的老樹常被人們視做神樹保護。樟樹的樹幹、樹皮及樹葉都含有精油細胞，會散發強烈的特殊香氣，眾所周知的樟腦油便是從樟樹樹幹提煉而來的。樟樹精油的氣味則有安撫情緒、緩和憂鬱症的功效。

一般多認為樟樹是常綠樹種，其實正確來說，樟樹應屬半落葉常綠樹種。由於樹葉的壽命短，每到春天可便發現滿地的樟樹落葉；掉落地面的老葉因具備樟腦成分，還可防止其他樹木的種子侵入領地、發芽生長。

6

樹木的藥及人工營養

化肥、農藥是必要之惡？

一直以來，我對樹木的治療是以不危害自然生態為原則。臺灣近年來多採取薰蒸法來治療樹木癌症，將稱為「麥隆」的熏蒸藥劑混入土壤中，待其氣化後擴散至土壤內部殺菌。麥隆接觸水分後會轉變為有毒氣體，除了嚴重影響人體健康外，更會消滅土壤中一切有害及有益的微生物，讓土壤變為死土，因此在歐美國家受到了嚴格的管制。

那麼，飽受爭議的麥隆成效如何呢？其實，多數罹癌症的樹木不是接近壽終正寢的老樹，要不就是體質衰弱，勉強治療也是半死不活、來日無多。

站在樹木醫的立場，罹患癌症的樹木已進入自然淘汰的程序，治療後多半也活得不健康。更何況，我相信樹木非常深愛大地，絕不希望強行施用化學藥劑，讓土壤內的生物、微生物，甚至整個生態都跟著葬送；這就好像用化療將體內的好細胞及壞細胞一併扼殺，最終卻導致免疫力跟著降低。

小黑蚊肆虐的背後真凶

常有人問我：「我們的公園充斥著農藥及化學肥料，這樣不會有安全上的疑慮嗎？我們甚至不敢靠近公園裡的樹木，只能讓小朋友在草地上奔馳……」

不得不承認，我們目前確實過度使用了農藥或肥料，也因為這些化學物品的濫用而帶來了難以預料的危害，其中最為人所知的例子，便是小黑蚊的氾濫。在過去，小黑蚊並沒有如此猖獗，如今卻逐漸遍布整個臺灣，原因便在於過度使用農藥造成小黑蚊的天敵——蜻蜓——大量消失，擾亂了生態的食物鏈。

除了農藥外，過度施肥也會導致土壤中殘留化學肥料，不但汙染地下水，還會隨著雨水沖刷流入河川，影響生態系。

我們間接破壞了自然的生態系統，連靠近樹木都得抱持著警戒，最終導致身心壓力無從釋放。這樣的環境真的是我們所需要的嗎？我努力倡導愛樹、拯救樹木，也致力於教育業界對植栽維護的正確概念，就是希望能喚起大家對樹木、對大自然的保護意識，改變當前的困境。

樹木真的離不開農藥嗎？

除了農藥，我們也會主觀的認為樹木離不開肥料。不知道大家是否想過一個問題，每年春天，我們都能看到滿山的櫻花齊放，這些櫻花樹平日並無人照顧，更遑論定期施肥了。

森林的樹木之所以能茁壯生長，甚至存活百年、千年，除了仰賴本身的遺傳因子之外，主要應歸功於優渥的生長環境，和土壤層內滿滿的益生菌、微生物等，它們的存在都能幫助樹木提升免疫力。反觀都市內的樹木，少了源源不絕的益生菌、微生物幫忙製造養分，再加上人工基盤限制了生長的空間，是以必須適度的施肥，才能幫助樹木生長並維持健康。

過度使用化學肥料除了造成土壤保水力及保肥力降低、土壤微生物減少外，也會導致藉由微生物所建立的生態系統失衡，殘留在土壤內的化學肥料更會造成環境汙染。另一方面，對經濟作物長期、大量的施用肥料，不僅會剝奪土壤原本的能量，使土壤逐漸轉為貧瘠，就連種出來的蔬果都會因此營養不良，無法製造出人類所需的維他命、鐵、鈣等營養素。

害蟲並不壞

我在大學修習昆蟲學時，老教授曾在課堂上對我們高喊：「昆蟲無罪，害蟲並不壞，是我們人類擅自為牠做出這樣的定位。其實好與壞並沒有那麼的絕對，只不過是彼此的生存之道互有衝突罷了。」

教授的這番話讓我對害蟲有了另一種看法；人類基於自己的立場將害蟲定調為「壞的」，如果這些害蟲有機會發聲，相信牠們一定會告訴大家：「我們一點都不壞！」

樹木醫的訓練也包括了修習農藥學，當中談及了各種置昆蟲於死地的化學藥物，這些藥物多以摧毀、擾亂自律神經系統的方法來殺死昆蟲——沒錯，昆蟲跟人類一樣具備自律神經系統。愈是了解這方面的資訊，我對處置昆蟲的諸多手段便愈感不忍，因此近年來我努力推廣自然農藥，以各種天然的成分驅趕昆蟲，用柔和的方式與所謂的「壞蟲」保持距離、和平共處。

自然農藥

不同於化學物質所合成的農藥，自然農藥取材自植物的萃取液，裡頭含有植物激素、維他命、礦物質，酵素及各種有機酸，常見的辣椒，蒜頭，魚腥草，竹醋液等便是自然農藥的代表之一。這類素材具備防治病蟲害等效果，同時還能提升樹木本身的健康。

7

都市內的一點綠意

行道樹的美麗與哀愁

道路的綠化最初以行道樹為主要構成要素。根據文獻記載，世界上最古老的行道樹植於公元前十世紀的喜馬拉雅山山麓，介於印度和阿富汗之間的交通要道上，行道樹呈現三列式植栽，稱為Grand Trunk。

行道樹的歷史

中國人開始重視植樹可追溯至三千多年前的周朝，當時的行道樹被稱為列樹或行樹，栽植於道路或是堤岸邊、河邊，以及城晅等。古代對街道綠化相當重視，隨著各時期都城的建設同時，已有行道樹植栽等思想。當時，廣植行道樹不但可做為軍事防衛的監控，更是國富力強的表現，因此竭力倡導植栽行道樹。

現今，行道樹植栽依位置區分為市街行道樹、公路行道樹及景觀行道樹，主要是隨著人文活動的演變所形成。

自周朝開始，行道樹多以桃李為主，河岸邊則多種植柳樹，之後，秦朝也規劃馳道種植松柏。據說秦始皇於某次東巡途中突遇大風雨，一時間找不到遮蔽處，幸虧遇上了一棵松樹，得以在松樹底下避雨；之後便將這棵樹封為「五大夫松」，並下令於馳道兩側種植松樹，供行人遮蔽之用。

漢朝為中國庭園發展之始，街道兩旁廣植槐樹、柳樹、松樹、柏樹及楊樹，奠定唐朝的綠化基礎。唐朝始發展出著名的庭園都市──長安、洛陽，廣植櫻花和石榴，長達九里。隨著長安、洛陽的發展，行道樹也逐漸脫離過去以軍事防衛為主的角色。

自清朝時期開始受到歐美文化衝擊，沿海大城市開始引進外國樹種──如法國梧桐樹等──做為行道樹。

臺灣的行道樹至少有三百多年的歷史，據說種植芒果於臺南官田地區始於一六七九年。之後受到日本統治，行道樹的樹種選擇也擴大至楓香、大王椰子、茄冬、鳳凰木等外來樹種。

入侵民宅的樹

行道樹自古以來具有道路指標，人馬休憩等各種機能，到了近代卻演變為道路的附屬品，提供了遮蔭、視覺誘導、綠意空間等各式各樣的機能。與人工素材的金屬、水泥設施相比，行道樹做為「生物」，其管理也相對困難，特別是在受限的植栽基盤內，根系生長嚴重受阻，過度修剪也帶給樹木很大的生理壓力；再者，汽車廢氣、行人踩踏，交通事故及人為傷害等，在在對行道樹的生存造成了危害。換句話說，道路絕非適合樹木生長的環境，也因為如此，若要以樹木的生理、根系等特徵來考量，適合做為行道樹的樹種其實少之又少。處於惡劣環境之下的行道樹，衰弱、老化、病害也帶來了傾倒的危險。

身為活生生的生命體，行道樹不同於路燈般的鐵器，可以壞了就更換，正因如此，出現與民眾競爭生存空間的樹木時，便會令人感到格外棘手。

我曾經受南部縣市政府之邀，前往勘查一棵令人困擾的行道樹；由於承辦人員無法說服民眾，因此請我至現場進行協助。

臺灣南部的行道樹以熱帶樹種為主，除了廣為人知的鳳凰木之外，五月時期盛放的「黃金雨」——阿勃勒花開——也在近幾年蔚為風潮。阿勃勒一般做為庭園景觀樹或行道樹之用，廣泛種植於熱帶及亞熱帶地區。初夏時期，滿樹金黃色的花格外引人注目，吸引各縣市競相種植阿勃勒。

我們一行人走在這條道路上，沿路可見剛竣工不久的整排透天厝。每一戶人家的大門前，距離道路不到三公尺處種植了一整排的行道樹，這是一種原產於熱帶亞洲、名為蒲桃的樹。蒲桃樹一般可長至約十公尺高，根系強健，為竄根能力較強的樹種。

遠遠的，我便看見一位老伯站在門口外的一棵蒲桃樹下等待我們。

一走上前，居民便按耐不住脾氣向承辦人員抱怨：「怎麼搞的，政府種這什麼樹？有仔細篩選過嗎？這樣的樹種在我家門前，讓我們困擾不已！」

我看了看，發現樹下除了滿地的鳥糞外，這棵蒲桃樹的樹幹也比其他蒲桃樹都來得大。

「造成困擾的不是只有鳥糞而已！你們看看，這棵樹的根居然竄到我家一樓的馬桶，搞得我們連上個廁所都得往樓上走，生活極為不便。不是我要騙你們，請你們隨著我到我家一樓廁所來看吧！你們可知道，這是花了很多錢新蓋的透天厝，就這樣被一棵樹把馬桶搞壞了！你們要怎麼賠我呀？」

承辦人員趕忙緩和氣氛，他向民眾解釋，已請專家進行勘查，也會在之後提出後續的處理對策。

老伯依舊忿忿不平，拉著我到樹底下竊竊私語：「請教樹木醫，我每天上、下班都會看到這棵樹，我在想，如果它自然枯死，政府單位是不是也沒辦法，只能砍了拉出去？我研究了許多方法，您幫我看看哪個有用……」

我心想，這個居民到底想搞什麼把戲？於是靜靜聽他說下去。

「我研究了三個方法，第一，拿鹽水灌它。第二，澆硫酸，但不知道味道會不會太強烈？第三，扒了樹的皮。請問樹木醫，哪種方法效果最好？」

「你成天對這棵樹又捶又踢又打，然後在樹下叫罵，它感受到你對它的厭惡，所以便將這樣的惡意回饋於你，不斷找你麻煩。根系就這樣活生生的竄進你家的化糞池了。」我試著對他動之以情，「你有沒有想過要與這棵樹和平共處呢？如果能夠在這樹下多說幾句讚美的話，試著與它好好相處，相信樹木應該不會再找你麻煩了。你提出的三個方法都不能真正的解決問題，目前只能建議承辦單位採用斷根阻絕的方式，避免根系再度入侵屋內。」

我們尋著根系找到竄根的方向，決定了騎樓與排水溝之間的阻絕方式，之後再開挖騎樓與行道樹之間的路面，將亂竄的根系清除乾淨，並重新做根系隔離，總算解決了這棵「入侵民宅」的蒲桃樹。

行道樹的生存危機

相較於森林內的樹木，行道樹受到的日照多、周圍空間大、二氧化碳多、氮素多以及都市熱島現象等，致使行道樹的生長速度比森林內的樹快了二至三倍。樹木愈大，能吸收的二氧化碳也愈多，行道樹能吸收的二氧化碳量也往往比郊外樹木高出許多。

然而，這些理由也成了都市行道樹生長過程中最大的風險。樹木為了生存會不斷的伸展枝葉，若因此遭到反覆的不當修剪，不僅會導致竄根，甚至還有可能將人行步道的地磚整塊翻起。

為了維持樹型的大小一致，地方政府往往需耗費大量預算定期修剪。若為了節省預算而降低修剪次數，再以強剪或截頭的方式修剪，這些被截了頭的樹木便會宛如被砍了頭般逐漸衰弱，能提供的遮蔭也變少。近年來，行道樹的選擇逐漸轉換為粗放型的小喬木，所能提供的遮蔭又更為有限。

根據統計，行道樹的死亡率比一般樹木高出兩倍。都市可說是年輕行道樹的死亡穴，許多壯年的樹都因適應不了有限的生長空間而枯死。

行道樹的生長、竄根、氣味等皆是生物求生存的方式，卻也往往因此招致不當的人為處置，限制其後續生長。行道樹為了配合人類的生活，硬生生被種植在惡劣的生長環境，遭受不當的修剪，再加上生長空間有限、常面臨交通事故的波及及停車時的擦傷，可以說是非常悲壯的生物。

樹木小知識

行道樹的條件

做為行道樹的生長空間，道路存在著許多問題。首先是生長空間受限，不僅植栽基盤面積有限，更常有號誌燈、電線桿與之爭地。因此，過大的樹木經常面臨修剪的命運——要成為行道樹，耐修剪便是第一要項。

其次，因地下埋設了許多電線、管路，根系能夠伸展的範圍也嚴重受到限制；劣質的客土除了欠缺有機質外，還含有許多水泥廢棄物。此外，人為的踩踏使通氣性、透水性降低，致使根系無法呼吸。因此，行道樹的第二要項就是必須具備耐乾、耐鹼，生長緩慢等條件。

近年來都市暖化、大氣汙染、車輛排放廢氣等問題日益嚴重，行道樹的環境機能也比以往更受到注目。能收汙染物質、透過蒸散作用淨化空氣、調節氣溫的樹種，便是成為行道樹的第三要項。

8

樹呀，你到底結不結果？

古老的豐收儀式

十九世紀末期，蘇格蘭人類學家詹姆斯寫了一本關於巫術與宗教的書——《金枝》，在〈樹木的精靈〉一文中提到，馬來半島西海岸的村落中，村民會選擇一個良辰吉日來到樹林中，施展該地特有的「魔法」。村民會選定結果最少的樹，拿起斧頭對著樹說：「來吧，你到底要不要結果呢？再不結果，我就用這把斧頭砍下去喔！」

此時，早已爬到樹上的另一位村民會開口回應：「好的，好的，接下來我一定會結果，請不要砍我！」

五花八門的豐收儀式

歐洲同樣也有類似的習俗：在保加利亞，每當聖誕節來臨時，農民會拿起斧頭恐嚇不結果實的樹，一旁的人立即回應：「不要砍，我會馬上結果的！」斧頭再三揮動，身旁的人則再度開口懇求。這些居民深信這樣的儀式能讓樹木嚇一大跳，日後必然會結出很多的果實。

中國與日本也有相同的習俗。中國自北魏時期開始就出現「嫁樹」的習俗，據說每年正月日出之時，要用尖刀刮破樹皮，如不照做，樹木就會只開花，不結果。這樣的習俗沿襲至唐朝時產生了些許的改變，人們相信若能在初一太陽尚未出來之前砍果樹一刀，必定有助於豐收。這樣的習俗在唐朝之後傳到了日本，各地的作法稍有不同。

以樹木生理的角度來說，輕輕刮傷樹皮的確有助豐收。鐮刀在樹皮上劃出傷口時，果樹的輸導組織被破壞，迫使樹冠層充分鎖住養分和水分，進而促進結果。即使到了近代，日本鄉下仍有許多果農相信，在柿子樹欠收時，以斧頭輕砍幾刀能讓柿子樹感到危機，日後便會為了確保後代的生存而製造更多果實。

依據輸導組織的概念來看，這樣的作法確實具備某些合理性，但日本、東南亞、歐洲卻將這類習俗視為巫術的一種。

除了嫁樹以外，還流傳了一種「餵樹」的習俗。餵樹始於中原地區，每年冬季使用臘八粥餵棗樹，「砍一斧，結石五，砍一刀，結十稍」。

此外還有「問樹」的習俗。兩人為一組，在樹下的人一手端碗，一手拿刀，先輕輕的砍樹一刀，再往樹上的切口塞上一片肉和些許飯粒，同時還得大聲吆喝：「今年結不結果啊？」另一人則在樹上回答：「結啊，而且還要結很多呢！」接著又問，「落不落呢？」「一顆都不落！」

嫁樹、餵樹的概念自唐朝時期傳入日本後，至今仍有少數寺院會在過年時舉行這項傳統，常可見到僧者一人持刀、一人持飯問樹，以保樹木健康生長。

取之自然，回歸自然

結識多年的日本友人是位虔誠的佛教徒，因經常走動日本的寺廟，與寺院的師父結下良好的關係。每逢年末，寺院都會為了迎接新年忙得不可開交，友人便會趁著工作之餘前往幫忙。

在某個落葉季節接近尾聲時，我接到友人的電話，他打算到寺院停留幾日，邀請我同行，協助寺院的清掃及整頓。

寺廟遠在奈良鄉間，當地正開始入冬，想必能見到大雪紛飛的情景吧！正當我幻想著冰天雪地的情景時，友人已將出發時間及行前準備等細節悉數交代清楚；隔日，我便在毫無心理準備下出發了。我們在一條通往村落的鄉間小路旁下了車，迎面而來的寒風冷得刺骨。

我們在昏暗又寒冷的天候下，花了大半天時間才抵達寺院。時值傍晚，能見度不佳，只能依稀看到寺院入口處種植了幾棵樹齡悠久的針葉樹。穿過了中堂，頓時彷彿置身世外桃源，微弱且清澈的水聲在寧靜的夜裡顯得格外清晰。我放慢腳步，生怕驚動這與世隔絕的寧靜。

師父輕聲細語的問候了我們，為寒風刺骨的夜晚添了一絲暖意。臨睡前，師父向我們說明了明早的工作事項，希望我們今晚能好好休息一番。

隔天一早起了濃霧，友人早已戴著斗笠在步道上清掃落葉。我走向前去，忙著將落葉掃起來裝袋。

「這些落葉是寺院珍貴的堆肥材料，全部收集好之後要拿去後院堆放，將養分還給樹木。」友人向我解釋。

撿拾完所有落葉，我隨友人至後院的堆肥處。我驚訝著望著五大袋的堆肥，井然有序的按著年分排列，猶如專業的堆肥工廠。

「這些堆肥是我過去辛苦收集的喔！」友人驕傲的說。友人是位自然愛好者，每當鄉里舉辦種稻、燒炭、育苗、砍材等相關活動時，他便是首選的講師。

他抓起一把接近完熟的堆肥，握在手中，請我仔細聞聞飄散出來的草木香。接著拿出五個玻璃杯，將不同年分的堆肥一一裝進杯中，又請我到工具小屋旁的休息區燒熱水。等待熱水滾燙期間，友人反覆確認這些堆肥的狀況，待開水沸騰，便將滾燙的熱水倒入杯中。

看著堆肥慢慢沉澱時，友人語重心長的說；「過去在日本鄉下，家家戶戶都是自己製造堆肥的，如此自給自足的傳統早已形成了一種鄉村文化。對鄉下人而言，取之自然，回歸自然，是再自然不過的道理，這些落葉也必須轉換成堆肥回歸大地。生活在都市的人往往缺乏這樣的觀念，先不談如何製作堆肥，很多人連堆肥到底熟了沒都無法判斷呢！」

眼前的堆肥緩緩沉澱，從去年剛堆的混濁黃土色，到堆了五年以上、接近透澈的酒紅色，呈色各有不同。

「妳想喝哪一杯呢？」友人開玩笑的問。

堆肥的判斷，就像是品嘗紅酒一樣，呈色、香氣、溼氣都是判斷完熟與否的要素，一般人需要用到堆肥時，很少會特別去分辨堆肥的好壞。

施肥時，採用完熟的堆肥非常重要。若不慎倒入未熟的堆肥，混入土壤的堆肥會迅速的增加許多微生物，這些微生物會與植物爭奪氮素，還會導致土壤內的溫度升高，進而傷害植物的根系。堆肥的製作與判斷，在日本鄉里間形成了一種古老的生活智慧。

幫樹木穿肚兜

這段期間，師父忙於禪修，經常不見蹤影。某天清早掃完落葉後，師父突然現身，帶著臘八粥邀我們一同品嘗。

「這碗粥放了紅豆、花生、小米、栗子等等，每年農曆的這一天，我們自一大清早便開始燉煮，再和院子內的貓、狗，甚至眼前的大樹，萬物一同分享。」

師父解說著，並且拜託友人別忘了後院的一棵老柿子，「明年我們還是要請柿子樹多長一些果實。」

友人隨即走去廚房，拿出一個裝滿臘八粥的大碗公，再請我去倉庫找出一把小鐮刀。站在老柿子樹前，我的直覺讓我誤以為是要用鐮刀將樹幹砍出一個小洞，然後拿著湯匙餵給樹吃。

「樹木又不能吃臘八粥，為了一個儀式就在樹上鑿出一個洞，有必要嗎？」我內心犯嘀咕。也許各地風俗各有不同，我也只能硬著頭皮配合了。

友人突然對我使了個眼色，拉著我到樹後說：「待會要請妳配合我演一齣戲。要記得恐嚇柿子樹，然後輕輕劃樹幹一刀喔！」

我跟著友人在一旁演練了一回，接著走到柿子樹前，對著樹大喊：「你結果還是不結果呀？」接著用鐮刀輕輕劃了樹皮。

友人則化身為老柿子樹回答：「結果，當然結果！」然後拿起手上的臘八粥，犒賞般的湊近樹幹，假裝餵食。

這就是自中國古代傳承下來、樹木與人類互動的文化傳統，有如儀式般神

聖，卻又多了點奧妙、趣味。除了老柿子樹外，院子內所有的大樹都得被恐嚇、餵食一回。餵完了院內的樹，一個上午的時間也這麼過去了，格外讓人感受到準備過年的氣息。

友人對我說：「這裡接下來會進入寒冬，到時的氣溫低又乾燥。面對這樣的嚴寒，不僅是所有的生物，就連樹木也要好好準備才能過冬。待會兒，妳跟我一起幫院子內的松樹穿上肚兜吧！」

松樹圍肚兜，是以稻草編成的草蓆，自地面一米高的位置包圍樹幹，再以稻繩固定；是一種不使用藥劑驅除害蟲的天然方法。自十七世紀開始，每年入冬，庭園管理的師父都會採用此方法保護松樹。

由於整個院子內的松樹還不少，我跟友人以分工的方式加緊趕工，總算趕在啟程之前完成了所有的作業。

幫松樹圍上肚兜的主要目的是為了捕捉松樹的天敵——赤松毛蟲。赤松毛蟲是令人困擾的害蟲，食欲旺盛有如大胃王；每當春天到來，孵化出來的幼蟲甚至可以把所有的松葉吃個精光，對松樹的危害非常巨大。

替松樹圍肚兜便是園藝師掌握赤松毛蟲的天性所發展出來的防治方法。

每年冬天，赤松毛蟲會從樹冠爬到地面，準備冬眠。圍上肚兜後，行經樹幹的赤松毛蟲便會轉而停留在溫暖的稻草蓆上過冬。到了隔年春天，趁赤松毛蟲還沒爬回樹冠前將稻草肚兜拆卸下來一舉燒毀，如此一來，不必使用藥劑便能輕鬆驅除惱人的害蟲。

近年來，部分地區會於十一月立冬之時進行圍稻草肚兜的儀式，讓許多居民參與體驗，可算是樹木保護文化傳承的重要活動。

除此之外，日本金澤也有一種自江戶時代流傳下來的傳統——雪吊。每逢冬季，園藝師會在松樹樹冠的中心點處立起一根木桿，木桿上頭綁著上百條麻繩，再將麻繩呈放射狀纏繞在每一根枝條的末端；這樣的構造能讓積雪停留在麻繩上，避免枝條遭積雪壓壞。每年冬天，這些雪吊就宛如一隻隻張開的大傘，佇立在靄靄白雪中，成為金澤特有的景觀。

為了捕捉赤松毛蟲而圍上稻草肚兜的黑松。

雪吊為日本多雪地帶的傳統庭園手法，其特殊構造能減輕積雪對樹枝帶來的壓力。

其實，不管是松樹圍稻草肚兜或者是雪吊，實際上的效果都十分有限，畢竟稻草蓆僅能捕捉少部分的赤松毛蟲，雪吊在降雪少的地區也不實用。即便如此，這些傳統仍然有著很大的傳承意義。也因此，即使這些傳統的形式意義大於實質意義，基於能傳承園藝文化的立場上，仍舊具備了很大的價值。

樹木小知識

赤松毛蟲

赤松毛蟲一生會經歷四次脫皮。進入冬天時，赤松毛蟲會從樹上爬下來，鑽進根系周圍冬眠。當氣溫漸暖、春季來到時，再爬回樹冠享用新鮮的松葉，並經歷三次的脫皮成蛹。

赤松毛蟲習慣在松樹的樹幹及葉上產卵，若放置不管，一旦春天到來，孵化出來的幼蟲就會一口氣把松樹吃死。除此之外，赤松毛蟲的毛還具備毒性，不小心觸碰到很容易引起過敏反應。這些特性都讓赤松毛蟲成了庭園內最不受歡迎的害蟲。

9

夫妻樹

從相斥終至合抱

相傳在春秋戰國時代，越國兵敗吳國之後，范蠡為了幫助越王勾踐復國，將自己的情人──西施──獻給了吳王夫差，藉著西施的美色擾亂吳王夫差的心智，使其荒廢朝政。在范蠡的幫助下，臥薪嘗膽多年的越王勾踐總算得以攻下吳國，重振越國雄風。

越王勾踐成功復國後，范蠡並不戀棧輔國功臣的虛名，很快地掛冠求去，帶著西施歸隱山林。兩人雲游四海時行經赤山島，島上居民以捕魚為業，在洞庭湖中來往捕魚，好不愜意。島上純樸的民風讓兩人心生嚮往，最終決定在此定居下來，隱姓埋名度過餘生。

范蠡及西施過世後數百年，兩人的合葬地長出了一棵樟抱蠟樹──樟樹和蠟樹合為一體的合抱樹。蠟樹生長在樟樹的樹幹縫隙中，小鳥依人般的緊靠在樟樹身上。粗估老樟樹至今已超過千歲，蠟樹則約四百餘歲。

片利共生

合抱樹在樹木生態學上稱為「片利共生」，樟抱蠟樹便是片利共生的一種，是為異種合體，老樟樹是片利共生的原主樹，蠟樹則為寄生樹。蠟樹經由鳥屎為媒介傳播後，發芽生長於其落葉及樹皮之間的夾縫中。透過腐葉及樹皮上的養分，即使不落地生根，也能獲得生長所需的養分。

除了樟樹與蠟樹外，也有許多其他的異種合體，如櫻花與樟樹、柳杉與櫻花、柳杉與檜木、朴樹與楓樹、青剛櫟與櫻花等等。

還有另一種合體樹，稱為「同種合體」。種子藉由鳥類、動物的搬運落在其他樹身上，因為彼此生長速度不同，最後被強勢者包覆。

最具代表性的同種合體是墨西哥落羽杉樹種，當種植距離太近，隨著不斷長大，最後出現合體現象。此外，日本小豆島上的一座寺院內，也有一棵由三棵刺柏合而為一的合抱樹。

片利共生常見於亞熱帶地區的榕樹，榕樹種子透過鳥類、昆蟲的傳播落在其他樹木的樹冠、樹幹之間，發芽成長後會包覆、纏繞住宿主，奪取宿主體內的養分，以此手段掠奪宿主的生命，榕樹也因此被稱做殺手樹。

雙色樹

近年來，日本里山文化的推廣蔚為風潮，出現了許多探訪里山文化的活動與體驗。里山位於橫濱與東京都交界的丘陵地帶。每到初春，便有許多的體驗學習團，跟著里山嚮導進入低山及丘陵內觀賞大自然。

因為嚮導者多數是具備樹木醫及自然嚮導執照的專家，因此這類導覽課程向來人氣不減。隨著嚮導進入深山、低地，眼前所見的不論地形、植生、樹木病害種類及動物等，只要與里山文化有關，都能做為這類自然教育的教材。前來體驗的學員中也不乏來自各個機關學校的教師。

我也曾為了體驗里山文化報名參加了橫濱地區里山文化的體驗教育團，導覽員正巧為樹木醫前輩。體驗課程需跨越丘陵及小山，最後抵達里山村落，需要一定的體力才能完成。自樹林丘陵的自然觀察，延伸至里山生活的人們是如何與大自然之間接軌。

當一行人踏入低地的樹林內，接連不斷的提出眼前所見的各種狀況。就在此時，一群人圍繞在一棵大柳杉旁，開始指指點點。這位高齡的樹木醫前輩是當地人，對於附近的植生、樹木懷有著特別的情感。

「這棵老柳杉至少快兩百歲了。」他撫摸著柳杉的樹幹向眾人解說，「請大家繞到柳杉的背後瞧瞧。」

眾人依言繞到柳杉的背後一看，這才發現樹皮的顏色、模樣竟然跟前面完全不一樣。

眾人紛紛抬頭望向樹冠，「哎呀，原來是一棵櫻花樹呀，還以為是樹幹腐爛變色了呢！」

「我的祖父告訴我，這裡最初就只有這棵柳杉而已，一直到我讀了小學，每天放學後都會跟朋友來樹下抓昆蟲，這才意識到櫻花樹的存在。」老樹木醫拍拍柳杉對大家說。

「如果要認真推算的話，我想這棵櫻花樹應該芳齡七、八十歲吧！這裡是一個原生林，我們會在靠近稻田的丘陵斜坡種滿櫻花樹，每當櫻花開始飄落，各戶農家就要開始準備播種了。這些櫻花的品種各式各樣，一過了夏季，櫻花的果實會隨著鳥類或其他動物傳播開來；也不知道是運氣好還是不好，一顆櫻花種子掉落在意料之外的地方，靠著柳杉樹冠上流下來的雨水得到滋養，就這樣在不知不覺中，漸漸成長茁壯，最終與這棵柳杉合而為一。」

接著，老樹醫面帶感傷的說：「柳杉與櫻花樹雖為夫妻，可惜這棵櫻花樹卻沒辦法像柳杉這麼長壽，終難長相廝守……」

一棵樹木在成長過程中，與相鄰的樹木並肩生長，到最後彼此相觸、合而為一，想像中應該不是一件愉快的事，除了枝條會互相交纏，樹幹之間也會出現排拒反應。換個角度想，種子並不能選擇自己將降生於何處，一旦落地生根，不管好惡與否都會在此落地生根。

樹木因為無法移動，即便陷入彼此排拒的現實，互相交纏、競爭，最終也得選擇接受；就好像我們人類一樣，有時彼此埋怨，有時相互鼓勵，一起突破嚴苛的生長環境，在耗費了許多歲月後，最終合體為一棵巨樹。

樹木小知識

排拒反應

樹木雖具備相同的基因，也不見得會是相同的個體，就宛如人類之中的雙胞胎一樣。合體木出現在各種不同的情況下，其中較為常見的，是樹幹之間合體，如柳杉與竹類合體。竹類因自相同的地下根生長為個體，僅管根系相近，竹幹之間較難出現合體現象。

10

樹之語

樹木之間的溝通工具

樹木是不會說話的生物，但彼此之間卻能藉由其他方法取得溝通。當我們走進森林，可以看見樹跟樹之間保持著一定的距離，彼此互不侵犯，有如士兵一般規律的排列著。

樹與樹之間的葉子彼此摩擦時，會產生一種稱為乙烯的氣體，乙烯能讓森林中的樹木之間保持距離。當樹的枝條彼此接觸摩擦時，產生的乙烯便會誘導枝條往其他方向伸展。

乙烯

乙烯是塑膠、化學纖維等石油化學製品的基礎原料，加工後便成為我們生活中使用的塑膠袋。乙烯同時也是一種植物激素，與植物的成長、老化有關，如一般人所熟知的，將蘋果和未熟的水果放在一起，蘋果釋放出來的乙烯便可以促進水果成熟。除此之外，分析植物體內乙烯的含量，也可藉此判讀植物所受到的壓力指數。

樹木不同於人類用腦思考，而是以本身的激素做為感應中心。例如，「當碰觸植物時，碰觸的刺激會增加乙烯分泌，促進植物生長」；為樹木灌水、以噴水的方式刺激枝幹，或是刷樹幹等等，都是透過物理的刺激來增加乙烯的生成，誘導植物橫向生長，變得粗大健壯。

小時候，父親巡田時總會走固定的路線，他習慣一邊巡田，一邊不經意的伸手撫摸伸展的稻苗；因為經常的撫摸刺激，稻田外緣的這幾株稻苗竟比裡頭的稻苗來得更矮、更胖，而且非常強壯。

我們還可以把乙烯促進生長的概念運用在澆水上頭。每當有人請教我該如何為植物澆水，我總會反問臺下聽眾：「請問大家都是怎麼澆水的？是靠近土表灌水呢？還是從植物上頭灑水？」

如果希望乙烯能發揮最大的效果，澆水的時候應該選擇用噴灑的方式，而不是將水管放在植栽盆上等待水注滿。水滴噴灑在葉面、枝條時，會刺激葉面生成乙烯，促進生長。

奇妙的菌根菌

根系，為樹木判斷力的指揮中心。樹木與樹木之間的溝通，猶如地下資訊網絡般繁忙。看似寧靜的森林，地下部的根系正忙著與其他樹木進行溝通聯繫、資源互助。這些根系不須直接觸碰到彼此，而是藉由共生菌的力量與其他樹木相互溝通。樹木與根系之間共存的菌稱為「菌根菌」，是一種非常奧妙的微生物，其作用類似人體內的腸內細菌。

過去，我曾經參與日本筑波山麓下森林菌根菌的生態調查，也在那時體認到菌根菌的浩翰。

早在四億年前開始出現陸地植物時，菌根菌就已經與根系共生。菌根菌吸收土壤內的磷酸、氮素提供給宿主（樹木），宿主則反饋光合作用所得的能量供菌根菌使用，彼此互利共生。

過去的調查也發現，移除菌根菌會導致樹木生長不良，顯見菌根菌確實可以促進樹木的生長。因此，只要在自然環境下生存的植物，幾乎都與菌根菌保有共生關係。

菌根菌身為樹木與樹木根系之間的溝通橋梁，除了交換情報以外，還會互相補足養分。當某樹體出現衰弱時，周圍的樹木就會透過菌根菌彼此互相支援。森林的地下網絡，猶如相互扶持的社區中心，不管多巨大的樹木，若沒有這些相互扶持的同伴便無法成長茁壯。

當這些地下菌網絡形成時，也會出現一種森林母樹的現象——母樹不單只是聯繫其他樹木，也是森林的領導，透過共生菌組成的網絡，負責森林裡的資源管理分配。我們不難觀察到，當森林內某棵大樹被伐除後，幼齡木也會在不久後相繼枯損、生存率大大降低。

菌根菌與樹木為彼此共生，更是森林復育中不可欠缺的重要角色。

二〇一一年東日本大地震過後，沿著海岸種植的百年松樹也逃不過海嘯侵襲，海岸最前線的松林受到嚴重災害，我因此受命前往調查。

「松林是我們的鎮守林，如今卻不見蹤影。過去百年來，白砂青松一直是我們的驕傲，如今整片松林消失，這些白砂也沉入海中，整個地盤都被海水淹沒了。」當地居民表示。

面對這樣毀滅性的災害，各地的植樹組織、甚至樹木醫學會也開始著手松林的復育計畫。震災地受到嚴重的海嘯影響，失去了植栽基盤也失去了良質土，對松樹的培育會是一大致命傷。儘管松樹能承受惡劣的土壤環境，依舊抵不過眼前嚴苛的環境。

松樹為菌根性樹種的代表，根系幾乎全數菌根化，自土壤吸收的養分也仰賴菌根菌進行輸送。面對貧瘠的海岸地，想成功推動松林復育、讓松樹健全生長，便需要菌根菌的力量。

菌根菌除了與樹木共生以外，還可以防禦來自土壤的病害，增加樹木對根部病害的抵抗力。我們將菌根菌運用於海岸松林的推動計畫中，目標為復育五十萬棵松樹。目前也證實，接種過菌根菌的松樹小苗生長快速，存活率提升至少九成。這也讓我們見識到松樹與菌根菌的密切關係，以及大自然共生的力量。

樹的自我修復

許多老樹、大樹出現斷裂或傷口時，調查出其中成因便是樹木醫的工作。當樹木受傷的部分無法再輸送養分，樹木便會巧妙的放棄受傷的組織，將養分留給其他成長部位。在必要之時「斷臂以求生」，便是樹木的生存之道。

樹木本身具備自然的癒合能力，能長出新的組織以覆蓋傷口，不過，若斷裂的傷口過大、受病菌感染而腐朽，仍舊可能會導致樹木枯死；修剪樹木時，若將切口放置不理，便會導致斷面的細胞死去，嚴重影響癒合組織的生成。因此，剪枝後應當盡快的在切口處塗抹癒合劑，防止細胞壞死，如此還可以避免空氣中浮游的病原菌趁機入侵。

當樹木越過瓶頸，自損傷部位形成防禦壁後，傷口便能隨著時間慢慢癒合，再度伸展新的枝芽。不過，並非所有樹種的自我修復或癒合能力都相同。癒合能力的強弱，與樹種、樹木本身的健康程度，以及切口的位置有關。我們常說「修剪櫻花的是笨蛋」，撇開修剪手法不談，比起其他樹種，櫻花樹本身就很容易受到病菌感染而腐朽。當然，樹木癒合能力的好壞不只要看樹種，還涉及樹木本身的免疫力及健全狀態；這就像人生病一樣，具備一定的體力才能對抗病痛。

引火樹和防火樹

在澳洲，每年的十月到三月總是接連不斷的發生森林火災。森林火災是大自然循環的方式之一，甚至有藉由森林火災得以保存後代的植物。

澳洲著名的景點——藍山，因遠望山群呈現藍色而得名。我們所看到的藍色其實是尤加利葉所釋放出來的萜烯。

萜烯是一種有機物化合物，具引火性質，在氣溫升高時會釋放更多的量，充斥在整個林內。夏天高溫時，萜烯的濃度更高，葉子及樹皮之間不斷摩擦下，很容易因此擦槍走火，引發森林大火。再加之尤加利葉子落葉後堆積於林床，導致大火蔓延更加迅速。

除了尤加利樹，松樹的葉子也會釋放出萜烯。加拿大地區的平原原生許多針葉樹種，也經常因此出現自然火災。

有容易引火的樹木，也有有助於防火的樹木。

日本自唐朝以來，習慣於神社或庭園內種植松樹，然而，松樹的樹幹富含易燃的松脂，會於失火時助長火勢的蔓延，有鑑於此，寺院、神社也開始注重耐火樹的篩選。

耐火性較強的樹種首推銀杏，銀杏也因此成為日本多數寺院的主要植栽。二次世界大戰時，東京淺草寺受戰火波及，整座寺廟被燒毀殆盡，僅留下寺院中被大火燒去半邊的銀杏樹。經過半個世紀後，這棵銀杏依舊健全生長，樹皮上遭大火焚燒的痕跡也仍舊清晰可見。

銀杏的防火特質來自於耐火的木栓組織，除此之外，葉的水分多而油分少，也造就了銀杏的耐火特質。除了銀杏樹以外，其他葉子厚、具光澤、水分多的樹，都是屬於抗火性較強的樹種。

外來樹種——銀合歡

一九七〇年代開始，臺灣林業單位發現，原產於薩爾瓦多的銀合歡樹材高大且生長快速，適合用來造紙，因此大量引進國內。

多年後，強勢的銀合歡占據山邊及海角處，嚴重排擠了臺灣原生樹種的生存空間。銀合歡的葉子及種子含有含羞草酸，它是一種毒性非蛋白胺基酸，僅二十ppm（〇·〇〇二%）的濃度就能影響其他樹木生長。楓香、相思樹、臺灣赤楊等樹種特別害怕含羞草酸，因此，銀合歡附近很少能見到楓香及相思樹的蹤跡；至於可抗含羞草酸的樹種——如臺灣松及芒草，則不受含羞草酸的影響。

11

樹木與陰陽五行

陽木生山南，陰木生山北

中國古籍內，描述樹木時常以陰陽做為區分。這樣的區分並不是針對樹木本身來決定，而是涵蓋著地理文化思想。

例如，西漢道家名著《淮南子》文獻指出：「今夫徙樹者，失其陰陽之性，則莫不枯槁。」移植樹木時，若不順應樹木的陰陽特性進行移植，反而容易導致樹木枯死。

陰樹與陽樹

根據當時的植樹相關文獻——《周禮》——所描述：「仲冬斬陽木，仲夏斬陰木。」意指冬季採伐陽木，而夏季採伐陰木。當中也提到如何區別陰木、陽木：「陽木生山南者，陰木生山北者。」也就是說，古人把在面南生長的樹稱為陽木，面北的樹則為陰木，認為萬物都存在陰陽的特性。

由此可見，陰樹與陽樹的區別結合了地理的陰陽，反而與樹木本身無關。

以樹木生理學的觀點詮釋，長期在大樹遮蔭下仍可生長的樹便稱為陰樹，不過，這不代表陰樹就不需要光照，而是指光照有限也可以生長，也就是一般所謂的耐陰植物。陽樹則是需要足夠的日照、無法長期在遮蔭處生長的樹，一旦日照不足便容易出現生長不良、甚至枯死等情形。近年也出現了「陰地樹木」及「陽地樹木」等說法，就更容易理解了。

古人對樹木的陰陽之分結合了地理要素，還涉及五行的概念。五行意指大自然是由金、木、水、火、土等元素所構成，這樣的思想又是如何跟樹木接軌的呢？簡單的說，將五行運用在顏色上頭——如綠屬水、紅屬火等，再加上圓形的葉、尖形的樹型，配合地理風水，以此做為植物的配置原則。

一般人常將榕樹視為陰樹，以風水學的概念詮釋，就是以樹木遮蔭的角度做為陰陽樹種的判斷。中國的陰陽理論強調的是陰陽調和，過度遮蔭會招來陰氣，陰氣太重，陽氣便衰。

樹木醫是以樹木本身對光線強弱的感受性來區別陰陽樹種，必要時還能使用葉綠素計來協助判斷。光照強度會影響葉綠素的含量，葉綠素計能測定樹冠內部的光照程度；如此一來，便可將樹木在特定光照程度下的生長狀況，做為區別陰陽樹種的依據。

例如常見的山茶花、榕樹為陰樹，半陰的樹種有桂花、樟樹、夾竹桃等，陽樹則有櫻花、黑松等。陽樹若取得足夠日照，其光合作用效率便高，生長快速；也因為如此，森林內生長快速的樹一般都為陽樹。而陰樹因為生長緩慢、所需光照不多，常與陽樹混長在一起。

綠化思潮下的適地適木

近年來為了減緩地球暖化，人們急切地想在大樓外牆或頂樓種植花草樹木，當中甚至不乏輕率的想法，認為種死了再換新的就好。問題是，我們一味地想種樹，卻不曾考慮過，屬於自然的樹木是否跟我們想得一樣，可以在人工的環境及植栽基盤下永續生長？

樹木帶給我們的不只是景觀的綠化，還有吸收二氧化碳、調節微氣候等重要機能，因此更不能用草率的概念來種樹。更重要的是，樹木是能生長數十年、甚至超過百年的生命體，歷經了各種生存挑戰才能長成一棵茁壯的大樹，身為樹木醫，更應該為樹木設身處地的著想，為它們找尋合適的生長環境。

義大利米蘭是全球空氣汙染最為嚴重的城市之一，當地政府在二〇一四年斥資打造了號稱世界上第一座的「垂直森林」，選定兩棟大樓種植超過九百棵的樹木，樹高從三公尺、六公尺到九公尺不等。對都市的環境再生、生物多樣性提升都有很大的助益，甚至因此成為米蘭嶄新的地標。

垂直森林強調綠色、生態、環保。藉由外牆的植被系統吸收二氧化碳及粉塵，製造氧氣，創造一個適宜居住的環境。除此之外還有改善建築熱能、調節都市微氣候的作用。

受到綠化風潮的影響，臺灣及大陸也開始大力推動綠建築，站在樹木醫的立場來看，卻是一則以喜一則以憂。喜的是大家對於綠化的重視，憂的則是樹木本身是否能適應人工建築的植栽基盤，同時還要承受強風、各種天災的傷害——颱風的侵襲往往是樹木的致命傷。

在過去，日本的綠建築規劃多仰賴庭師、植栽設計者的經驗累積，近幾年則開始導入熱能、風的模擬技術，透過科學分析精準掌握種植地的日照、風速環境等客觀條件，據此篩選出最合適的樹種，以科學方法實踐適地適木。

都市內的樹木常因植栽規劃者對樹木、樹性的理解不足而面臨衰弱枯死的命運，這也是為什麼我會從農學基礎跨足工學的環境設計，如此我們才能不再單方面依賴庭師、植栽設計者的經驗累積。

樹木醫一直以來被定位為樹木的治療者，然而對我而言，「預防勝於治療」才是保護樹木的根本之道；試想，若將陽樹屬性的櫻花樹種植在陰暗的環境中，想必會讓櫻花樹體質漸衰，最終枯死。

綠化的核心概念，不僅僅是將樹木引進人們生活的都市環境中，更是希望能讓樹木在此永續生長，與人類共生。

近年來，臺灣的大樓綠化也開始導入模擬技術與適地適木的概念，我曾介入臺中惠中寺的植栽規劃，為了讓這些樹木都能永續生長，我在規劃時導入了最新的模擬技術，精準地掌握日照的累積程度，以此配植陰陽屬性的樹種；在風的模擬上，也可根據模擬結果配置抗風或導風的植栽設計，完全實踐了以樹為本的植栽規劃。

不過，模擬結果僅能做為一種參考，而非絕對的標準，面對現場植栽時，還是要考慮人工基盤的排水、土壤適切性等，甚至選用的樹木本身健全與否也是必須考慮的要素。換句話說，自頭到腳的量身訂做，才是適地適木的植栽設計。

樹木小知識

微氣候模擬技術

微氣候模擬技術是將都市中的氣溫、風速、日照、地表溫度，氣流等數據導入CFD（計算流體學模擬軟體）中，以此評測植栽空間的適性。將日照量、風速等數據運用於適地適木的概念中，除了能充分發揮樹木的環境機能，同時也能提升樹木生長環境的健全性。

結語／樹木醫的未來

樹木醫看診時，是從樹木的過去來預測它的未來。

從事樹木相關研究與工作將近二十年，不論是研究，或是現場的治療診斷，常常讓我深感自己所具備的知識實在不足。因為來自各方的樹木有上百種基因、各式各樣的生長環境，就連所受到的人為照顧都大相逕庭。

顧名思義，樹木醫就是樹木的醫生，所專注的是如何讓樹木健康，永續生長。在以往，樹木醫都偏重在「外科」的治療——以人類來比擬的話有點像是西方醫學，多著重在樹木的修剪、樹幹的外科、病蟲害等等，工作內容也多半偏向治療老樹，如根系開挖、樹幹出現空洞、樹體腐朽等等。然而，若想做到預防勝於治療，就不是樹木外科所能做到的了。

想實現預防勝於治療，從中醫的觀點出發，也許會更為理想。

樹木的中醫，主要是不用化學農藥、肥料，而以順應自然的方式調整樹木本身的免疫力。面對的樹種不同，根系生長、水分需求、土壤特質，植栽環境需求等都會有所不同。這有點類似日本目前大力推動的植栽基盤診斷師，以樹木本身的體質做考量，再結合適宜的植栽基盤環境。

以廣受歡迎的櫻花樹為例，櫻花樹喜歡通氣、透水、排水良好，偏微酸性的沙壤土，一旦將櫻花樹種植於排水不良的植栽基盤，就容易出現爛根，嚴重時根系甚至會因為泡水而產生氰酸物質，擴大根系的腐爛範圍。

因此，想要讓櫻花樹具備強健的免疫力，需要充分的日照、通風的環境，土壤過溼過乾都容易讓樹木衰弱。以中醫的觀點來看，就像是先為櫻花樹把脈，了解櫻花樹本身的體質後才能對症下藥，進行植栽基盤的調整。

日本樹木醫研修考試合格者集體合照。

除了櫻花樹以外，四月時期沿路盛開的杜鵑也同樣廣負盛名。杜鵑的根系具備根瘤菌，忌諱過溼及排水不良的土壤，更重要的是，杜鵑對於土壤的酸鹼性極為要求。若將杜鵑栽植於偏鹼性的土壤，根系中的根瘤菌很容易受到影響，導致根系萎縮，使杜鵑生長不良甚至枯萎。

臺灣地處亞熱帶，環境悶熱潮溼。近年來臺灣對於植栽客土的不重視，不僅導致了樹木的生長緩慢，也常常出現枯萎、生長不良的狀況。常見的客土多半為高黏性的土質，要不然就是極為細緻的玢土，導致根系無法伸展，最終枯死。

每當演講結束後，總會有聽眾提出植栽相關的疑問。一般人遇到樹木衰弱時，不是急著購買肥料，就是懷疑樹木受到病蟲害影響而使用藥劑，噴灑藥劑時，也不會審慎考慮劑量的多寡，甚至常有重複使用、過量使用等情形。

其實，懷疑自家的植栽生長不良時，首先必須確認植栽環境是否符合樹木的特質，考量土壤顏色、排水、灌水管理等要素後，便能大致掌握到原因。若為日照不良，則改變種植位置；植栽基盤不適切，就進行土壤或排水等調整。結合天時、地利、正確的人為管理，就是對樹木最妥善的處置方式。